dtv

Wer nach Italien, respektive nach Rom reist, der betrachtet voll Ehrfurcht die Zeugnisse und Denkmäler einer weit zurückliegenden Epoche. Die Italiener selbst, die ihnen alltäglich auf Schritt und Tritt begegnen, gehen – bei allem Stolz – bisweilen recht locker mit ihrer Vergangenheit um. Ganz entschieden tut dies auch der Toskaner Indro Montanelli (1909–2001), einer der bekanntesten italienischen Journalisten: Mit einem Augenzwinkern und manchmal ziemlich respektlos blickt er aus der Distanz heraus auf seine Vorfahren, auf den Gründungsmythos ihres Weltreiches, auf ihre Lebens- und Götterwelt ebenso wie auf die großen Persönlichkeiten. Seine ironische und brillante Aktualisierung der Vergangenheit gilt als Markenzeichen seiner Geschichtsschreibung.

Aus dem ersten Band der populären vierzigbändigen Geschichte Italiens liegen hier ausgewählte Kapitel in italienisch-deutschem Paralleldruck vor.

Indro Montanelli

Questi Romani!
Diese Römer!

Geschichten aus der Antike

Ausgewählt und übersetzt von
Ina-Maria Martens und Emma Viale-Stein

Deutscher Taschenbuch Verlag

dtv zweisprachig
Begründet von Kristof Wachinger-Langewiesche

Originalausgabe/Neuübersetzung
1. Auflage Juni 2006
Deutscher Taschenbuch Verlag GmbH & Co. KG,
München
www. dtv.de zweisprachig@dtv.de

Dieser Band enthält Auszüge aus dem bei Rizzoli in Mailand
erschienenen Werk ‹Storia di Roma›

Umschlagkonzept: Balk & Brumshagen
Umschlagbild: ‹The Spirit of Domination› (1927) von Giorgio de Chirico
(VG Bild-Kunst, Bonn 2005)
Satz: Greiner & Reichel, Köln
Druck und Bindung: Kösel, Krugzell
Gedruckt auf säurefreiem, chlorfrei gebleichtem Papier
Printed in Germany
ISBN-13: 978-3-423-09456-6
ISBN-10: 3-423-09456-7

Für Jugendliche von 9–99
Indro Montanelli

Ab urbe condita

Non sappiamo con precisione quando a Roma furono istituite le prime scuole regolari, cioè «statali», Plutarco dice che nacquero verso il 250 avanti Cristo, cioè circa cinquecent'anni dopo la fondazione della città. Fino a quel momento i ragazzi romani erano stati educati in casa, i più poveri dai genitori, i più ricchi da *magistri*, cioè da maestri, o istitutori, scelti di solito nella categoria dei *liberti*, gli schiavi liberati, che a loro volta erano scelti fra i prigionieri di guerra, e preferibilmente fra quelli di origine greca, che erano i più colti.

Sappiamo però con certezza che dovevano faticare meno di quelli di oggi. Il latino lo sapevano già. Se avessero dovuto studiarlo, diceva il poeta tedesco Heine, non avrebbero mai trovato il tempo di conquistare il mondo. E quanto alla storia della loro patria, gliela raccontavano press'a poco così:

Quando i greci di Agamennone, Ulisse e Achille conquistarono Troia, nell'Asia Minore, e la misero a ferro e a fuoco, uno dei pochi difensori che si salvò fu Enea, fortunatamente «raccomandato» (certe cose usavano anche a quei tempi) da sua madre, ch'era nientepopodimeno che la dea Venere-Afrodite. Con una valigia sulle spalle, piena delle immagini dei suoi celesti protettori, fra i quali naturalmente il posto d'onore toccava alla sua buona mamma, ma senza una lira in tasca, il poveretto si diede a girare il mondo, a casaccio. E dopo non si sa quanti anni di avventure e di disavventure, sbarcò, sempre con quella sua valigia sul groppone, in Italia, prese a risalirla verso nord, giunse nel Lazio, vi sposò la figlia del re Latino, che si chiamava Lavinia, fondò una città cui diede il nome della moglie,

Ab urbe condita

Wann in Rom die ersten regulären, also «staatlichen» Schulen eingerichtet wurden, wissen wir nicht genau. Plutarch sagt, sie seien um 250 v. Chr. entstanden, demnach ungefähr fünfhundert Jahre nach der Gründung der Stadt. Bis dahin erhielten die römischen Kinder zu Hause Unterricht, die ärmeren von den Eltern, die reicheren von *magistri*, Lehrern oder Erziehern. Diese wurden gewöhnlich aus den Reihen der *liberti* gewählt, den befreiten Sklaven, die man unter den Kriegsgefangenen aussuchte, vorzugsweise unter denjenigen griechischen Ursprungs, da sie als besonders gebildet galten.

Mit Sicherheit wissen wir jedoch, dass die Schüler weniger schuften mussten als heute. Sie konnten nämlich schon Latein. Wenn sie es hätten lernen müssen, behauptete der deutsche Dichter Heine, dann hätten sie niemals Zeit gehabt, die Welt zu erobern. Und die Geschichte ihres Vaterlandes, die wurde ihnen ungefähr so erzählt:

Als die Griechen des Agamemnon, Odysseus und Achilles Troia in Kleinasien eroberten und in Schutt und Asche legten, war Aeneas einer der wenigen Verteidiger, die sich retten konnten, und zwar glücklicherweise dank der Beziehungen seiner Mutter (gewisse Dinge gab es auch damals schon), die keine Geringere als die Göttin Venus-Aphrodite war. Einen Koffer voller Bilder seiner himmlischen Beschützer geschultert, unter denen der Ehrenplatz natürlich der guten Mama gebührte, aber ohne einen Pfennig in der Tasche, machte sich der arme Teufel aufs Geratewohl auf den Weg in die Welt. Nach wer weiß wie vielen Jahren glücklicher und unglücklicher Abenteuer, landete er schließlich, immer noch mit dem Koffer auf dem Buckel, in Italien, marschierte gen Norden, erreichte Latium, wo er die Tochter des Königs Latinus namens Lavinia heiratete, gründete eine Stadt, der er den Na-

e insieme a costei visse felice e contento tutto il resto dei suoi giorni.

Suo figlio Ascanio fondò Alba Longa, facendone la nuova capitale. E dopo otto generazioni, cioè a dire qualche duecento anni dopo l'arrivo di Enea, due suoi discendenti, Numitore e Amulio, erano ancora sul trono del Lazio. Purtroppo sui troni in due ci si sta stretti. E così un giorno Amulio scacciò il fratello per regnare da solo, e gli uccise tutti i figli, meno una: Rea Silvia. Ma, perché non mettesse al mondo qualche figliolo cui potesse, da grande, saltare il ticchio di vendicare il nonno, la obbligò a diventare sacerdotessa della dea Vesta, vale a dire monaca.

Un giorno Rea, che probabilmente aveva una gran voglia di marito e si rassegnava male all'idea di non potersi sposare, prendeva il fresco in riva al fiume perché era un'estate maledettamente calda, e si addormentò. Per caso in quei paraggi passava il dio Marte che scendeva sovente sulla terra, un po' per farvi qualche guerricciola, ch'era il suo mestiere abituale, un po' per cercare delle ragazze, ch'era la sua passione favorita. Vide Rea Silvia. Se ne innamorò. E senza nemmeno svegliarla, la rese incinta.

Amulio, quando lo seppe, si arrabbiò moltissimo. Ma non la uccise. Aspettò ch'essa partorisse non uno, ma due ragazzini gemelli. Poi li fece caricare su una microscopica zattera che affidò al fiume perché se li portasse, sul filo della corrente, fino al mare, e lì li lasciasse affogare. Ma non aveva fatto i conti col vento, che quel giorno spirava abbastanza forte e che condusse la fragile imbarcazione a insabbiarsi poco lontano, in aperta campagna. Qui i due

men seiner Frau gab, und lebte mit ihr den Rest seiner Tage glücklich und zufrieden.

Sein Sohn Ascanius gründete Alba Longa und machte es zur neuen Hauptstadt. Acht Generationen später, sagen wir, ungefähr zweihundert Jahre nach der Ankunft des Aeneas, saßen immer noch zwei seiner Nachkommen, Numitor und Amulius, auf dem Thron Latiums. Leider ist es nun einmal zu zweit auf einem Thron sehr eng, und so verjagte eines Tages Amulius, um allein regieren zu können, seinen Bruder und tötete dessen Kinder, bis auf eines: Rhea Silvia. Damit sie jedoch ihrerseits keine Kinder in die Welt setzte, die später auf die Idee kommen könnten, den Großvater zu rächen, zwang er Rhea, Priesterin der Göttin Vesta zu werden, also Nonne.

Eines Tages nun saß Rhea, die sich wahrscheinlich sehr nach einem Mann sehnte und sich mit dem Gedanken, nicht heiraten zu dürfen, nicht abfinden konnte, am Ufer des Flusses, um sich zu erfrischen – es war ein höllisch heißer Sommer –, und schlief ein. Rein zufällig kam gerade der Gott Mars des Weges, der oft auf die Erde herabstieg, einerseits, um dort irgendwelche kriegerischen Scharmützel zu veranstalten, denn das war schließlich sein Job, andererseits, um nach Mädchen Ausschau zu halten, was seine bevorzugte Leidenschaft war. Rhea Silvia sehen und sich verlieben war eins – und er schwängerte sie, ohne sie auch nur zu wecken.

Als Amulius das erfuhr, wurde er fuchsteufelswild. Doch er brachte sie nicht um. Er wartete, bis sie nicht nur ein Kind, sondern Zwillinge gebar, verfrachtete diese auf ein winzig kleines Floß und überließ es dem Fluss; seine Strömung sollte sie zum Meer tragen, damit sie dort ertranken. Doch er hatte nicht mit dem Wind gerechnet, der an diesem Tag ziemlich stark wehte und das zerbrechliche Gefährt nicht weit entfernt in einer abgeschiedenen Gegend stranden ließ. Dort erregten die verlassenen, lauthals brüllenden Ge-

derelitti, che piangevano rumorosamente, richiamarono l'attenzione di una lupa che corse ad allattarli. Ed è perciò che quella bestia è diventata il simbolo di Roma, che dai due gemelli poi fu fondata.

I maligni dicono che quella lupa non era affatto una bestia, ma una donna vera, Acca Larentia, chiamata Lupa per via del suo carattere selvatico e delle molte infedeltà che faceva a suo marito, un povero pastore, andandosene a far l'amore nel bosco con tutti i giovanotti dei dintorni. Ma forse non sono che pettegolezzi.

I due gemelli succhiarono il latte, poi passarono alle pappine, poi misero i primi denti, ricevettero il nome l'uno di Romolo, l'altro di Remo, crebbero, e alla fine seppero la loro storia. Allora tornarono ad Alba Longa, organizzarono una rivoluzione, uccisero Amulio, rimisero sul trono Numitore. Eppoi, impazienti di far qualcosa di nuovo come tutti i giovani, invece di aspettare un regno bell'è fatto dal nonno, che certamente gliel'avrebbe lasciato, andarono a costruirsene uno nuovo un po' più in là. E scelsero il punto in cui la loro zattera si era arenata, in mezzo alle colline fra cui scorre il Tevere, quando sta per sfociare in mare. Qui, come spesso succede tra fratelli, litigarono sul nome da dare alla città. Poi decisero che avrebbe vinto chi avesse visto più uccelli. Remo, sull'Aventino, ne vide sei. Romolo, sul Palatino, ne vide dodici: la città si sarebbe dunque chiamata Roma. Aggiogarono due bianchi buoi, scavarono un solco, e costruirono le mura giurando di uccidere chiunque le oltrepassasse. Remo, di malumore per la sconfitta, disse che erano fragili e ne ruppe un pezzo con un cal-

schöpfe die Aufmerksamkeit einer Wölfin, die herbeieilte, um sie zu säugen. Diese Tatsache machte das Tier zum Symbol Roms, der Stadt, die später von den Zwillingen gegründet wurde.

Böse Zungen behaupten, es habe sich bei der Wölfin nicht um ein Tier, sondern um eine richtige Frau gehandelt, Acca Larentia, wegen ihres wilden Charakters und ihrer Untreue die «Wölfin» genannt. Sie soll ihren Mann, einen armen Schäfer, mit sämtlichen jungen Männern der Umgebung betrogen haben. Vielleicht ist das aber auch alles nur dummes Geschwätz.

Die Zwillinge tranken ihre Milch, wechselten dann zu Brei, bekamen die ersten Zähne, erhielten ihre Namen, der eine Romulus, der andere Remus, und wuchsen heran. Schließlich erfuhren sie ihre Geschichte, woraufhin sie nach Alba Longa zurückkehrten. Sie zettelten einen Aufstand an, brachten Amulius um und setzten Numitor wieder auf den Thron. Anstatt dann aber auf das wohlbestellte Reich des Großvaters zu warten, das dieser ihnen gewiss hinterlassen hätte, wollten sie, ungeduldig wie junge Leute nun einmal sind, etwas Neues anfangen und gründeten nicht weit entfernt ein weiteres Königreich. Sie wählten die Stelle, an der ihr Floß gestrandet war und inmitten der Hügel der Tiber fließt, kurz bevor er ins Meer mündet. Doch wie es unter Geschwistern häufig der Fall ist, gerieten die beiden in Streit über den Namen, den sie der Stadt geben sollten. Sie beschlossen schließlich, dass derjenige gewonnen hätte, der mehr Vögel erblickte. Remus zählte sechs auf dem Aventin, Romulus auf dem Palatin zwölf. Also sollte die Stadt Rom heißen. Sie spannten zwei weiße Ochsen an, zogen eine Furche und errichteten die Stadtmauer, wobei sie schworen, jeden zu töten, der sie überstiege. Remus, der wegen der erlittenen Niederlage ziemlich schlecht gelaunt war, behauptete, die Mauer tauge nichts und zerstörte ein Stück davon

cio. E Romolo, fedele al giuramento, lo accoppò con un colpo di badile.

Tutto ciò, dicono, avvenne settecentocinquantatré anni prima che Cristo nascesse, esattamente il 21 aprile, che tuttora si festeggia come il compleanno della città, nata, come si vede, da un fratricidio. I suoi abitanti ne fecero l'inizio della storia del mondo, fin quando l'avvento del Redentore non ebbe imposto un'altra contabilità.

Forse anche i popoli vicini facevano altrettanto: ognuno di essi datava la storia del mondo dalla fondazione della propria capitale, Alba Longa, Rieti, Tarquinia, o Arezzo che fosse. Ma non riuscirono a farselo riconoscere dagli altri, perché commisero il piccolo errore di perdere la guerra, anzi le guerre. Roma invece le vinse. Tutte. Il podere di pochi ettari che Romolo e Remo si tagliarono con l'aratro fra le colline del Tevere diventò nello spazio di pochi secoli il centro del Lazio, poi dell'Italia, poi di tutta la terra allora conosciuta. E in tutta la terra allora conosciuta si parlò la sua lingua, si rispettarono le sue leggi, e si contarono gli anni *ab urbe condita*, cioè da quel famoso 21 aprile del 753 avanti Cristo, inizio della storia di Roma e della sua civiltà.

Naturalmente le cose non erano andate precisamente così. Ma così i babbi romani per molti secoli vollero che venissero raccontate ai loro figli: un po' perché, gran patrioti, li lusingava molto il fatto di poter mescolare degli dèi influenti come Venere e Marte, e delle personalità altolocate come Enea, alla nascita della loro Urbe. Essi sentivano oscuramente ch'era molto importante allevare i loro ragazzi nella convin-

mit einem Fußtritt. Dem Schwur getreu erschlug Romulus ihn mit einem Spaten.

All das, so erzählt man, geschah siebenhundertdreiundfünfzig Jahre vor Christi Geburt, und zwar genau am 21. April, an dem noch heute der Geburtstag dieser demnach aus einem Brudermord entstandenen Stadt gefeiert wird. Ihre Bewohner ließen an diesem Datum die Geschichte der Welt beginnen, und zwar so lange, bis die Ankunft des Erlösers ihnen eine andere Zeitrechnung auferlegte.

Vielleicht machten es die Nachbarvölker genauso und ließen die Weltgeschichte am Gründungstag ihrer eigenen Stadt beginnen – Alba Longa, Rieti, Tarquinia, Arezzo und wie sie alle heißen. Aber es gelang ihnen nicht, von den anderen anerkannt zu werden, denn sie begingen den kleinen Fehler, den Krieg, vielmehr die Kriege zu verlieren. Rom hingegen gewann sie. Alle. Das nur wenige Hektar große Stück Land, das Romulus und Remus sich zwischen den Hügeln des Tibers mit dem Pflug absteckten, wurde im Laufe weniger Jahrhunderte zum Mittelpunkt Latiums, dann Italiens, und später der ganzen damals bekannten Welt. In dieser ganzen damals bekannten Welt wurde die Sprache Roms gesprochen, wurden seine Gesetze geachtet und die Jahre *ab urbe condita* gezählt, das heißt ab jenem berühmten 21. April des Jahres 753 v. Chr., dem Anfang der Geschichte Roms und seiner Kultur.

Natürlich hat sich das alles nicht wirklich so abgespielt. Aber viele Jahrhunderte lang wollten die römischen Papas, dass man es ihren Kindern nicht anders erzählte. Ein wenig, weil sie selber daran glaubten, ein wenig, weil es ihnen als großen Patrioten sehr schmeichelte, einflussreiche Götter wie Venus und Mars sowie herausragende Persönlichkeiten wie Aeneas mit der Gründung ihrer Stadt in Zusammenhang bringen zu können. Insgeheim spürten sie, wie wichtig es war, ihre

zione di appartenere a una patria costruita col concorso di esseri soprannaturali, che certamente non vi si sarebbero prestati se non avessero inteso assegnarle un grande destino. Ciò diede un fondamento religioso a tutta la vita di Roma, che infatti crollò quando esso venne meno. L'Urbe fu *caput mundi*, capitale del mondo, finché i suoi abitanti seppero poche cose e furono abbastanza ingenui da credere in quelle, leggendarie, che avevano loro insegnato i babbi e i *magistri*; finché furono convinti di essere i discendenti di Enea, di avere nelle loro vene sangue divino e di essere «unti del Signore» anche se a quei tempi si chiamava Giove. Fu quando cominciarono a dubitarne che il loro Impero andò in frantumi e il *caput mundi* diventò una colonia. Ma non precipitiamo.

Nella bella favola di Romolo e Remo, forse non tutto è favola. Forse c'è anche qualche elemento di verità. Vediamo di sviscerarlo sulla base dei pochi dati abbastanza sicuri che l'archeologia e l'etnologia ci hanno fornito.

Già trentamila anni prima della fondazione di Roma, pare che l'Italia fosse abitata dall'uomo. Che uomo fosse, i competenti dicono di averlo ricostruito da certi ossicini del suo scheletro trovati qua e là, e che rimontano alla cosiddetta «età della pietra». Ma noi ci fidiamo poco di queste induzioni, e quindi saltiamo a piè pari a un'èra molto più vicina, quella «neolitica», di qualcosa come ottomila anni fa, cioè cinquemila prima di Roma. Pare che la nostra penisola fosse allora popolata da certi liguri a nord e siculi a sud, gente con la testa a forma di pera, che viveva un po' in caverna, un po' in capannucce rotonde, fatte di sterco e di fango, addomesticava animali e si nutriva di caccia e di pesca.

Kinder in der Überzeugung aufwachsen zu lassen, dass ihre Heimat im Wettstreit übernatürlicher Wesen entstanden war, die sich dazu sicherlich nicht herabgelassen hätten, wäre dieser Heimat nicht ein großes Schicksal beschieden gewesen. Das ganze Leben Roms gründete somit auf einem religiösen Fundament, und als dieses langsam bröckelte, stürzte die Stadt ein. Rom war *caput mundi*, Hauptstadt der Welt, solange seine Bewohner wenig wussten und naiv genug waren, an die Legenden zu glauben, die ihre Papas und *magistri* sie gelehrt hatten, und solange sie davon überzeugt waren, Nachkommen des Aeneas zu sein, «Gesalbte Gottes» mit göttlichem Blut in den Adern, auch wenn dieser Gott damals Jupiter hieß. Erst als sie anfingen, daran zu zweifeln, ging ihr Reich in Trümmer, und die *caput mundi* wurde eine Kolonie. Doch wir wollen nichts überstürzen.

In der schönen Fabel von Romulus und Remus ist vielleicht nicht alles Fabel. Vielleicht finden sich auch ein paar Körnchen Wahrheit. Wir sollten das aufgrund der wenigen einigermaßen gesicherten Daten, die uns Archäologie und Ethnologie überliefert haben, herauszufinden versuchen.

Schon dreißigtausend Jahre vor der Gründung Roms war Italien anscheinend vom Menschen bewohnt. Was für eine Art Mensch das war, haben Fachleute anhand von bestimmten, hier und da gefundenen Knöchelchen seines Skeletts geschlossen, die auf die so genannte «Steinzeit» zurückgehen. Ganz aber trauen wir diesen Mutmaßungen nicht und springen lieber kurzerhand in ein uns weitaus näheres Zeitalter, das «neolithische» vor etwa achttausend Jahren, das heißt, fünftausend vor Rom. Es sieht so aus, als wäre unsere Halbinsel damals im Norden von gewissen Ligurern und im Süden von Siziliern besiedelt gewesen, Leuten mit birnenförmigen Köpfen, die in Höhlen oder in aus trockenem Mist und Schlamm gebauten runden Hüttchen lebten, Tiere hielten und sich von Jagd und Fischfang ernährten.

Facciamo ancora un salto di quattromila anni, cioè arriviamo al 2000 avanti Cristo. Ed ecco che dal Settentrione, cioè dalle Alpi, giungono altre tribù, chissà da quanto tempo in marcia dalla loro patria di origine: l'Europa centrale. Costoro non sono molto più progrediti degli indigeni con la testa a pera; ma hanno l'abitudine di costruire le loro abitazioni non in caverna, sibbene su travi immerse nell'acqua, le cosiddette «palafitte». Vengono, si vede, da posti acquitrinosi, e infatti, arrivati da noi, scelgono la regione dei laghi, quello Maggiore, quello di Como, quello di Garda, anticipando di qualche millennio il gusto dei turisti moderni. E introducono nel nostro paese alcune grandi novità: quella di allevare greggi, quella di coltivare il suolo, quella di tessere stoffe e quella di circondare i loro villaggi con bastioni di mota e di terra battuta per difenderli tanto dagli attacchi degli animali quanto da quelli degli uomini.

Piano piano cominciarono a scendere verso il Sud. Si abituarono a costruire capanne anche sull'asciutto ma sempre puntellandole su palafitte; impararono, da certi loro cugini, pare, installatisi in Germania, l'uso del ferro con cui si fabbricarono un sacco di aggeggi nuovi, asce, coltelli, rasoi, eccetera, e fondarono una città vera e propria, che si chiamò Villanova, e che doveva trovarsi nei pressi di quella che oggi è Bologna. Fu questo il centro di una civiltà che si chiamò appunto «villanoviana» e che piano piano dilagò in tutta la penisola. Da essa si crede che derivino, come razza, come lingua, come costumi, gli umbri, i sabini e i latini.

Cosa facessero degl'indigeni liguri e siculi questi villanoviani, quando si stabilirono nelle terre a cavalcioni del Tevere, non si sa. Forse li sterminarono, come si usava a quei tempi cosidetti «barbari» per distinguerli da quelli nostri in cui si fa altrettanto sebbene

Machen wir einen weiteren Sprung von viertausend Jahren, also bis 2000 v. Chr. Siehe da, aus dem Norden, also von den Alpen, kommen andere Stämme, die wer weiß wie lange von ihrer ursprünglichen Heimat in Zentraleuropa unterwegs waren. Sie sind zwar nicht viel fortschrittlicher als die Eingeborenen mit dem Birnenkopf, pflegen aber ihre Behausungen nicht in Höhlen, sondern auf Pfählen im Wasser zu errichten, so genannten «Pfahlbauten». Demnach kommen sie aus sumpfigen Gegenden und wählen auch bei uns die Region der Seen, des Lago Maggiore, des Comer- und des Gardasees, womit sie die Vorliebe der modernen Touristen um ein paar Jahrtausende vorwegnehmen. Sie bringen etliche wichtige Neuerungen in unser Land – Viehzucht, Ackerbau, das Weben sowie die Angewohnheit, ihre Dörfer zum Schutz vor Angriffen von Tier und Mensch mit Erdwällen zu umgeben.

Allmählich drangen sie weiter nach Süden vor und gewöhnten sich daran, ihre Hütten auch auf dem Trockenen zu bauen, wenngleich immer noch auf Pfählen; von irgendwelchen Vettern, die sich anscheinend in Germanien niedergelassen hatten, lernten sie den Gebrauch des Eisens kennen und stellten damit eine Menge neuer Dinge her, wie Äxte, Messer, Rasiermesser und so weiter; und sie gründeten eine richtige Stadt mit dem Namen Villanova, die sich in der Nähe des heutigen Bologna befunden haben muss. Sie wurde zum Zentrum der so genannten «Villanovakultur», welche sich allmählich auf der gesamten Halbinsel ausbreitete. Man nimmt an, dass die Umbrer, die Sabiner und die Latiner hinsichtlich Rasse, Sprache und Sitten von dort stammen.

Was sie mit den Ligurern und Siziliern anstellten, als sie sich auf beiden Seiten des Tibers niederließen, weiß man nicht. Vielleicht rotteten sie sie aus, wie es üblich war in diesen Zeiten, die man die «barbarischen» nennt, um sie von den unsrigen zu unterscheiden, in denen man zwar das Glei-

si chiamino «civili»; forse vi si mescolarono dopo averli sottomessi. Fatto si è che, verso il 1000 avanti Cristo, tra la foce del Tevere e la baia di Napoli, i nuovi venuti fondarono molti villaggi che, sebbene abitati da gente del medesimo sangue, si facevano guerra tra loro e non si rappacificavano che di fronte a qualche comune nemico o in occasione di qualche festa religiosa.

La più grande e potente di queste cittadine fu Alba Longa, capitale del Lazio, ai piedi del monte Albano, che corrisponde probabilmente a Castel Gandolfo. E albalongani si ritiene che fossero quel pugno di avventurosi giovanotti che un bel giorno emigrarono qualche decina di chilometri più al nord, e fondarono Roma. Forse erano dei braccianti, che andavano cercando un po' di terra da appropriarsi e da coltivare. Forse erano dei poco di buono che avevano qualche conto da regolare con la polizia e i tribunali della loro città. Forse erano degli emissari mandati dal loro governo a sorvegliare quel punto, al confine con la Toscana, sulle cui coste era proprio allora sbarcata una nuova popolazione, gli etruschi, che non si sapeva da che parte del mondo venissero, ma di cui si dicevano peste e corna. E forse tra questi pionieri ce n'erano davvero due che si chiamavano uno Romolo e l'altro Remo. Comunque, non dovevano essere più di un centinaio.

Il posto che scelsero aveva molti vantaggi e molti svantaggi. Era a una ventina di chilometri dal mare, e questo andava benissimo per tenersi al riparo dai pirati che lo infestavano, senza rinunciare a farne un porto: perché dalle imbarcazioni di quel tempo, il braccio di fiume che lo separava dalla foce era facilmente navigabile. Ma gli stagni e gli acquitrini che lo circondavano

che tut, sie aber als «zivilisiert» bezeichnet. Vielleicht haben sie sich auch, nachdem sie sie unterworfen hatten, mit ihnen vermischt. Tatsache ist, dass die Neuankömmlinge gegen 1000 v. Chr. zwischen der Tibermündung und dem Golf von Neapel zahlreiche Dörfer gründeten. Doch obwohl sie von Leuten gleichen Blutes bewohnt waren, führten sie gegeneinander Krieg und versöhnten sich nur angesichts eines gemeinsamen Feindes oder anlässlich religiöser Feierlichkeiten.

Die größte und mächtigste dieser Siedlungen war Alba Longa, Hauptstadt von Latium, am Fuße der Albaner Berge, dort, wo wahrscheinlich das heutige Castel Gandolfo liegt. Man nimmt an, dass die Hand voll abenteuerlustiger junger Männer, die eines schönen Tages auszogen und ein paar Kilometer weiter nördlich Rom gründeten, aus Alba Longa stammten. Vielleicht waren es Bauern, die sich ein kleines Stück Land aneignen und es bestellen wollten. Vielleicht waren es auch Tagediebe, die mit der Polizei und dem Gericht ihrer Stadt noch eine Rechnung offen hatten. Vielleicht waren es Kundschafter der Regierung, die diese Stelle an der Grenze zur Toskana überwachen sollten; denn an der Küste dort war gerade ein neues Volk an Land gegangen, die Etrusker, von denen man nicht wusste, aus welchem Teil der Erde sie kamen, von denen man sich aber fürchterliche Dinge erzählte. Und vielleicht befanden sich ja unter diesen Pionieren tatsächlich zwei, von denen der eine Romulus und der andere Remus hieß. Jedenfalls dürften es wohl kaum mehr als hundert Männer gewesen sein.

Die Stelle, die sie wählten, hatte ebenso viele Vorteile wie Nachteile. Da sie etwa zwanzig Kilometer vom Meer entfernt lag, wo es vor Piraten nur so wimmelte, war sie hervorragend geeignet, sich vor ihnen zu schützen, ohne jedoch auf einen Hafen verzichten zu müssen. Mit den Schiffen der damaligen Zeit konnte man den Flussarm des Tibers gut bis zur Mündung befahren, wenngleich Morast und Sümpfe

lo condannavano alla malaria, malanno che ha battuto alle sue porte sino a pochi anni orsono. Però c'erano le colline, che almeno in parte proteggevano gli abitanti dalle zanzare. E infatti fu su una di esse, il Palatino, che dapprima si acquartierarono, col proposito di popolare in seguito anche le altre sei che stavano tutt'attorno.

Ma per popolarle, occorreva fare dei figli. E per fare dei figli, occorrevano delle mogli. E quei pionieri erano scapoli.

Qui, in mancanza di storia, dobbiamo per forza tornare alla leggenda, che ci racconta come fece Romolo, o comunque si chiamasse il capoccione di quei tipacci, a procurar donne a sé e ai suoi compagni. Indisse una grande festa, forse con la scusa di celebrare la nascita della sua città, e invitò a prendervi parte i vicini di casa sabini (o quiriti), col loro re, Tito Tazio, e soprattutto le loro figlie. I sabini vennero. Ma, mentre erano intenti a gareggiare nelle corse a piedi e a cavallo, ch'era il loro sport preferito, molto poco sportivamente i padroni di casa rubaron loro le ragazze e li buttarono fuori a pedate.

I nostri antichi erano molto sensibili alle questioni di donne. Poco prima, il ratto di una, Elena, era costato una guerra durata dieci anni e finita con la distruzione di un grande regno: quello di Troia. I romani ne rapirono a dozzine, ed è quindi naturale che il giorno dopo dovessero far fronte ai loro babbi e fratelli, tornati in armi per recuperarle. Si asserragliarono sul Campidoglio, ma commisero l'imperdonabile errore di affidare le chiavi della fortezza a una di quelle loro improvvisate moglie, che evidentemente non era stata molto soddisfatta del marito toccatole in sorte: Tarpeia, una ragazza che dicono fosse innamorata di Tito

ringsherum ihn zu Malaria verdammten, ein Übel, das noch bis vor wenigen Jahren eine Bedrohung war. Es gab jedoch die Hügel, die den Bewohnern zumindest teilweise Schutz vor Mücken boten. Tatsächlich ließen sie sich auf einem von ihnen, dem Palatin, als Erstes nieder, mit der Absicht, nach und nach auch die anderen sechs rundherum zu besiedeln.

Doch dazu musste man Kinder zeugen. Und um Kinder zu zeugen, brauchte man Frauen. Nun waren diese Pioniere aber Junggesellen.

Hier müssen wir mangels historischer Beweise zwangsläufig auf die Legende zurückgreifen, die uns erzählt, wie Romulus, oder wie immer der große Anführer dieser üblen Kerle hieß, es anstellte, sich und seinen Kumpanen Frauen zu beschaffen. Er kündigte ein großes Fest an, vielleicht unter dem Vorwand, die Gründung seiner Stadt zu feiern, und lud dazu die sabinischen (oder quiritischen) Nachbarn und ihren König Titus Tatius ein, vor allem aber deren Töchter. Die Sabiner kamen. Doch während sie mit Wettrennen zu Fuß und zu Pferd – ihrem Lieblingssport – beschäftigt waren, raubten die Gastgeber sehr viel weniger sportlich ihre Mädchen und jagten die Männer mit Fußtritten davon.

In puncto Frauen waren unsere Ahnen allerdings sehr empfindlich. Kurz zuvor hatte die Entführung einer Frau, Helena, einen zehnjährigen Krieg ausgelöst, der mit der Zerstörung eines großen Reiches endete: Troias. Die Römer raubten Dutzende von Frauen. Und so ist es nur natürlich, dass sie sich am nächsten Tag den Papas und Brüdern stellen mussten, die bewaffnet zurückkehrten, um sie zu holen. Die Römer verbarrikadierten sich auf dem Kapitol, begingen jedoch den unverzeihlichen Fehler, die Schlüssel der bewachten Festung einer ihrer neu gewonnenen Ehefrauen anzuvertrauen, die offenbar mit dem Mann, dem sie zugefallen, nicht sehr zufrieden war. Es war Tarpeia, ein Mädchen, das angeblich in Titus Tatius

Tazio. Costei aprì una porta agl'invasori, I quali, gente cavalleresca e quindi refrattaria a tutti i tradimenti, compresi quelli perpetrati in loro favore, la compensarono schiacciandola sotto i loro scudi. I romani più tardi diedero il suo nome alla rupe dalla quale solevano precipitare i traditori della patria condannati a morte.

Tutto finì in un pantagruelico banchetto nuziale. Perché le altre donne, in nome delle quali la battaglia si era accesa, a un certo punto s'interposero fra i due eserciti e dichiararono che non intendevano restare orfane, come sarebbe successo se i loro mariti romani avessero vinto, o vedove, come sarebbe successo se avessero vinto i loro babbi sabini. E ch'era ora di finirla perché con quegli sposi, sebbene spicciativi e maneschi, s'eran trovate benissimo. Meglio valeva regolarizzare i matrimoni, invece di continuare a scannarsi. E così fu. Romolo e Tazio decisero di governare insieme, ambedue col titolo di re, quel nuovo popolo nato dalla fusione delle due tribù, di cui portò congiuntamente il nome: *romani quiriti*. E siccome Tazio, subito dopo, ebbe la compiacenza di morire, l'esperimento di regno a due quella volta andò bene.

Chissà cosa c'è sotto a questa storia. Forse essa non è che la versione, suggerita dal patriottismo e dall'orgoglio, di una conquista di Roma da parte dei sabini. Ma può anche darsi che i due popoli si siano davvero volontariamente mescolati e che il famoso ratto fosse soltanto la normale cerimonia del matrimonio, come lo si celebrava allora, cioè col furto della sposa da parte dello sposo, ma col consenso del padre di lei, come si fa ancora presso certi popoli primitivi.

Se così fu veramente, è probabile che questa fusione fosse, più che suggerita, imposta dal pericolo di

verliebt war, die den Eindringlingen ein Tor öffnete. Diese – Kavaliere, die sie waren, und somit für jegliche Art von Verrat absolut unempfänglich, selbst wenn er zum eigenen Vorteil war – zerquetschten sie zum Dank unter ihren Schilden. Später benannten die Römer nach ihr einen Felsen, von dem zum Tode verurteilte Vaterlandsverräter hinuntergestürzt wurden.

Das Ganze endete in einem üppigen Hochzeitsbankett, denn die übrigen Frauen, um derentwillen die Schlacht entbrannt war, traten schließlich zwischen die beiden Heere und erklärten, dass sie nicht die Absicht hätten, Waisen zu werden, falls ihre römischen Männer siegten, oder Witwen, falls ihre sabinischen Papas gewönnen. Es sei an der Zeit, Schluss zu machen, denn sie fühlten sich mit diesen wenn auch wortkargen und derben Ehemännern ausgesprochen wohl. Anstatt sich weiterhin niederzumetzeln, sollte man lieber die Ehen legalisieren. Und so kam es. Romulus und Tatius beschlossen, gemeinsam und jeder mit dem Königstitel, dieses neue Volk zu regieren, das aus dem Zusammenschluss der beiden Stämme entstanden war, von denen es den Doppelnamen *romani quiriti* erhielt. Da Tatius Romulus bald daraufs den Gefallen tat, zu sterben, ging das Experiment des Regierens zu zweit dieses Mal gut.

Wer weiß, was sich hinter dieser Geschichte verbirgt. Vielleicht ist sie nichts als eine von Vaterlandsliebe und Stolz angeregte Variante einer Eroberung Roms durch die Sabiner. Es kann aber auch sein, dass die beiden Völker sich wirklich freiwillig vermischt haben und der berühmte Raub nur zur üblichen Hochzeitszeremonie damals gehörte, das heißt Raub der Braut seitens des Bräutigams, doch mit Einwilligung ihres Vaters – so, wie es auch heute noch bei bestimmten Naturvölkern der Fall ist.

Sollte es wirklich so gewesen sein, ist es wahrscheinlich, dass dieser Zusammenschluss mehr als angeraten, ja wegen der

un nemico comune: quegli etruschi che frattanto, dalla costa tirrenica, si erano sparpagliati in Toscana e in Umbria e, armati di una tecnica molto più progredita, premevano verso il Sud.

Roma e la Sabina erano sulla direttrice di questa marcia e sotto diretta minaccia. Infatti non vi scamparono.

L'Urbe era appena nata, e già doveva vedersela con uno dei più difficili e insidiosi rivali di tutta la sua storia. Lo abbatté attraverso prodigi di diplomazia prima, di coraggio e di tecnica poi. Ma le occorsero dei secoli.

drohenden Gefahr durch einen gemeinsamen Feind geradezu zwingend war. Es hatten sich nämlich in der Zwischenzeit von der tyrrhenischen Küste her diese Etrusker bis in die Toskana und bis nach Umbrien ausgebreitet. Mit technisch weit fortschrittlicheren Waffen ausgerüstet, rückten sie gen Süden vor.

Rom wie Sabinien lagen auf dieser Marschroute und waren unmittelbar bedroht. In der Tat gab es kein Entrinnen.

Kaum geboren, musste Rom es schon mit einem der schwierigsten und hinterlistigsten Rivalen seiner ganzen Geschichte aufnehmen. Erst bezwang es ihn durch Wunderwerke der Diplomatie, dann durch Mut und Zähigkeit. Doch dazu benötigte es Jahrhunderte.

Poveri etruschi

All'opposto dei romani d'oggi, che fanno tutto per scherzo, quelli dell'antichità facevano tutto sul serio. E specialmente quando si mettevano in testa di distruggere un nemico, non solo gli muovevano guerra e non gli davano tregua prima di averlo sconfitto, anche a costo di rimetterci eserciti su eserciti e quattrini su quattrini; ma poi gli entravano in casa e non vi lasciavano pietra su pietra.

Un trattamento particolarmente severo riservarono agli etruschi, quando, dopo aver subìto da loro molte umiliazioni, si sentirono abbastanza forti per poterli sfidare. Fu una lotta lunga e senza esclusione di colpi, ma al vinto non furono lasciati neanche gli occhi per piangere. Raramente si è visto nella storia un popolo scomparire dalla faccia della terra, e un altro cancellarne le tracce con sì ostinata ferocia. E a questo si deve il fatto che di tutta la civiltà etrusca non è rimasto quasi più nulla. Non ne sopravvivono che alcune opere d'arte e qualche migliaio d'iscrizioni, di cui solo poche parole sono state decifrate.

Su questi scarsissimi elementi, ognuno ha ricostruito quel mondo a modo suo.

Intanto, nessuno sa con precisione di dove questo popolo venisse. Dal modo come si sono rappresentati essi stessi nei bronzi e nei vasi di terracotta, pare che avessero corpi più tracagnotti e crani più massicci dei villanoviani, e lineamenti che ricordano la gente dell'Asia Minore. Molti infatti sostengono che arrivarono da quelle contrade, per mare; e la cosa sarebbe confermata dal fatto che furono i primi, tra gli abitatori dell'Italia, ad avere una flotta. Certo, furono loro a

Arme Etrusker

Im Gegensatz zu den Römern von heute, für die alles nur ein Scherz ist, nahmen die Römer aus der Antike alles ernst, insbesondere wenn sie sich in den Kopf setzten, einen Feind zu vernichten. Sie bekämpften ihn nicht nur, bis er endgültig besiegt war – selbst wenn sie dafür eine Armee nach der anderen und irrsinnige Summen Geldes einbüßten –, sondern drangen auch noch bei ihm ein und ließen keinen Stein auf dem anderen.

Eine besonders strenge Behandlung behielten sie den Etruskern vor, als sie, nachdem sie mehrfach von ihnen gedemütigt worden waren, sich endlich stark genug fühlten, sie herauszufordern. Es war ein langer erbarmungsloser Kampf; den Besiegten wurden nicht einmal die Augen zum Weinen gelassen. Selten in der Geschichte hat man erlebt, dass ein Volk vom Erdboden verschwand und ein anderes seine Spuren mit solch hartnäckiger Grausamkeit auslöschte. Das ist auch der Grund, warum von der gesamten etruskischen Zivilisation kaum etwas übrig ist. Nur einige Kunstwerke und ein paar tausend Inschriften, von denen nur wenige Worte entziffert worden sind, haben überdauert.

Aus diesen äußerst spärlichen Anhaltspunkten hat sich nun ein jeder diese Welt auf seine Art wieder zusammengesetzt.

Niemand weiß also genau, woher dieses Volk kam. Nach ihren eigenen Darstellungen auf Bronze und Terracottavasen scheinen sie gedrungener gewesen zu sein als die «Villanovani» und ihre Schädel massiver; ihre Gesichtszüge erinnern an Menschen aus Kleinasien. In der Tat wird vielfach behauptet, dass sie aus dieser Gegend kamen, und zwar übers Meer; bestätigt würde dies durch die Tatsache, dass sie die ersten unter den Bewohnern Italiens waren, die eine Flotte besaßen. Gewiss waren sie es, die das Meer, das die Küste der Toskana

dare il nome di Tirreno, che vuoi dire appunto «etrusco», al mare che bagna la costa della Toscana. Forse arrivarono in massa e sommersero la popolazione indigena, forse sbarcarono in pochi e si limitarono a sottometterla con le loro armi più progredite e la loro tecnica più sviluppata.

Che la loro civiltà fosse superiore a quella villanoviana è dimostrato dai crani che hanno trovato nelle tombe e che mostrano opere di protesi dentali abbastanza raffinate. I denti sono un gran segno, nella vita dei popoli. Essi si deteriorano con lo svilupparsi del progresso che rende più imperioso il bisogno di cure perfezionate. Gli etruschi conoscevano già il «ponte» per rinforzare i loro molari e i metalli che occorrevano per fabbricarlo. Infatti sapevano lavorare non solo il ferro che andarono a cercare, e trovarono, all'isola d'Elba e che trasformarono da greggio in acciaio; ma anche il rame, lo stagno e l'ambra.

Le città che si diedero subito a costruire nell'interno, Tarquinia, Arezzo, Perugia, Vejo, erano molto più moderne dei villaggi fondati dai latini, dai sabini e dalle altre popolazioni villanoviane. Tutte avevano dei bastioni per difendersi, delle strade e soprattutto le fogne. Seguivano, insomma, un «piano urbanistico», come si direbbe oggi, rimettendo alla competenza degl'ingegneri, che erano per quei tempi bravissimi, ciò che gli altri lasciavano al caso e al capriccio degl'individui. Sapevano organizzarsi per lavori collettivi, di utilità generale, e lo dimostrano i canali con cui bonificarono quelle contrade infestate dalla malaria. Ma soprattutto erano formidabili mercanti, attaccati ai soldi e pronti a qualunque sacrificio pur di moltiplicarli. I romani ignoravano ancora cosa ci fosse dietro il Soratte, montagnola poco discosta dalla loro

umspült, «tyrrhenisch», also «etruskisch», nannten. Vielleicht tauchten sie in Scharen auf und überrollten die einheimischen Stämme, vielleicht gingen auch nur ein paar wenige an Land, die sich darauf beschränkten, die Bevölkerung mit ihren weitaus fortschrittlicheren Waffen und Techniken zu unterwerfen.

Dass ihre Kultur der der «Villanovani» überlegen war, sieht man an den in den Gräbern gefundenen Schädeln, die recht fein gearbeitete Zahnprothesen aufweisen. Zähne sind in der Lebensgeschichte eines Volkes ein wichtiges Merkmal, denn sie verschlechtern sich mit dem Fortschritt, wodurch immer weiter verfeinerte Behandlungsmethoden erforderlich werden. Die Etrusker kannten bereits die «Brücke» zur Stützung ihrer Backenzähne und die Metalle, die dazu nötig waren. In der Tat waren sie in der Lage, außer Eisen, das sie auf der Insel Elba suchten und fanden und vom Rohstoff zu Stahl umwandelten, auch Kupfer, Zinn und Bernstein zu bearbeiten.

Die rasch im Landesinneren errichteten Städte Tarquinia, Arezzo, Perugia und Vejo waren sehr viel moderner als die von den Latinern, Sabinern und anderen «villanovanischen» Bevölkerungsgruppen gegründeten Orte. Sie hatten alle einen Schutzwall zu ihrer Verteidigung, Straßen und vor allem Versitzgruben. Also gingen sie, wie man heute sagen würde, nach einem «städtebaulichen Plan» vor, wobei sie für die damalige Zeit hervorragenden fachkundigen Ingenieuren das übertrugen, was die anderen dem Zufall oder dem Belieben des Einzelnen überließen. Sie verstanden es, sich zu gemeinschaftlicher Arbeit für das Allgemeinwohl zusammenzutun, wie die Kanäle zur Trockenlegung der von der Malaria heimgesuchten Gegenden zeigen. Vor allem aber waren sie ausgezeichnete Händler, die sehr am Geld hingen und zu seiner Vermehrung jegliches Opfer auf sich nahmen. Die Römer wussten noch gar nicht, was hinter dem Sorakte, diesem winzigen Berg in der

città, che gli etruschi già erano arrivati in Piemonte, Lombardia e Veneto, avevano varcato a piedi le Alpi e, risalendo il Rodano e il Reno, avevano portato i loro prodotti sui mercati francesi, svizzeri e tedeschi per scambiarli con quelli locali. Furono loro a portare in Italia come mezzo di scambio la moneta, che i romani poi copiarono, tanto è vero che vi lasciarono incisa la prua di una nave prima di averne mai costruita una.

Erano gente allegra, che prendeva la vita dal lato più piacevole; e per questo alla fine persero la guerra contro i malinconici romani che la prendevano dal lato più austero. Le scene riprodotte sui loro vasi e sepolcri ci mostrano uomini ben vestiti con quella toga, che poi i romani copiarono facendone il loro costume nazionale, lunghi capelli e barbe inanellate, molti gioielli al polso, al collo, ai diti, e sempre intesi a bere, a mangiare e a conversare, quando non lo erano a praticare qualcuno dei loro esercizi sportivi.

Questi consistevano soprattutto nella boxe, nel lancio del disco e del giavellotto, nella lotta e in altre due manifestazioni che noi crediamo, a torto, squisitamente moderne e forestiere: il polo e la corrida. Naturalmente le regole di questi giochi erano diverse da quelle che si usano oggi. Ma sin da allora lo spettacolo della lotta fra il toro e l'uomo nell'arena era considerato di pregio, tanto è vero che chi moriva se ne voleva portare nella tomba qualche scena ricordo dipinta sui vasi, per continuare a divertircisi anche nell'aldilà.

Un gran passo avanti rispetto agli arcaici e patriarcali costumi romani e degli altri indigeni, era la condizione della donna, che presso gli etruschi gode-

Nähe ihrer Stadt, lag, als die Etrusker schon in Piemont, der Lombardei und im Veneto angekommen waren, zu Fuß die Alpen überquert hatten und ihre Erzeugnisse auf Rhône und Rhein flussaufwärts auf französische, schweizerische und deutsche Märkte gebracht hatten, um sie gegen die örtlichen Erzeugnisse zu tauschen. Auch führten sie die Münze als Tauschmittel in Italien ein, die die Römer dann kopierten und dabei doch tatsächlich den Bug eines Schiffes darauf prägten, bevor sie je eines gebaut hatten.

Die Etrusker waren fröhliche Leute, die das Leben lieber von der heiteren Seite nahmen, weswegen sie dann am Ende den Krieg gegen die freudlosen Römer, die es eher strenger sahen, verloren. Die Bilder auf ihren Vasen und Gräbern zeigen uns gut gekleidete Männer in eben der Toga, die die Römer später nachahmten und zu ihrer Nationaltracht machten, mit langem Haar, gekräuselten Bärten und üppigem Schmuck an Handgelenk, Hals und Fingern. Zum Trinken, Essen und Plaudern schienen sie immer aufgelegt, wenn sie nicht gerade mit irgendeiner ihrer sportlichen Übungen beschäftigt waren.

Das waren vor allem Boxen, Diskus- und Speerwerfen, Ringen und außerdem noch zwei Disziplinen, die wir zu Unrecht heutzutage für besonders modern und fremdartig halten: Polo und Stierkampf. Die Spielregeln waren natürlich andere als heute. Aber seit damals wurde das Schauspiel des Kampfes zwischen Mensch und Stier in der Arena hoch geschätzt, wobei derjenige, der starb, auf jeden Fall einige auf Vasen gemalte Erinnerungsszenen mit ins Grab nehmen wollte, um sich auch im Jenseits weiterhin daran zu erfreuen.

Einen großen Fortschritt im Vergleich zu den archaischen und patriarchalischen Bräuchen der Römer und der anderen Ureinwohner bedeutete die Stellung der Frau, die bei den Etruskern große Freiheit genoss und auch stets in Gesell-

va di gran libertà, e infatti viene rappresentata in compagnia dei maschi, partecipe dei loro divertimenti. Pare che fossero donne molto belle e di liberissimi costumi. Nei dipinti appaiono ingioiellate, asperse di cosmetici e senza troppe preoccupazioni di pudore. Mangiano a crepapelle e bevono a garganella, distese coi loro uomini su ampi sofà. Oppure suonano il flauto, o danzano. Una di loro, che poi diventò molto importante a Roma, Tanaquilla, era una «intellettuale», che la sapeva lunga di matematica e di medicina. Il che vuol dire che, a differenza delle loro colleghe latine, condannate alla più nera ignoranza, andavano a scuola e studiavano. I romani, ch'erano gran moralisti, chiamavano «toscane», cioè etrusche, tutte le donne di facili costumi. E in una commedia di Plauto c'è una ragazza accusata di seguire il «costume toscano» perché fa la prostituta.

La religione, che è sempre la proiezione della morale di un popolo, era centrata su un dio di nome Tinia, che esercitava il suo potere col fulmine e il tuono.

Chi non riusciva a dimostrare di aver vissuto secondo i precetti dei giudici, era condannato all'inferno, a meno che i parenti e gli amici rimasti in vita non facessero per lui tante preghiere e sacrifici da otterne l'assoluzione. E in questo caso veniva assunto in paradiso.

Ma del paradiso gli etruschi pare che parlassero poco e di rado, lasciandolo piuttosto nel vago. Forse troppo pochi ce ne andavano, per saperne qualcosa di preciso. Quello su cui erano informatissimi era l'inferno, di cui conoscevano, uno per uno, tutti i tormenti che vi si soffrivano. Evidentemente i loro preti pensavano che, per tenere in riga la gente, valevano più le minacce della dannazione che le speranze dell'assoluzione. E

schaft der Männer bei deren Vergnügungen dargestellt wird. Die Etruskerinnen scheinen sehr schöne Frauen mit ausgesprochen freimütigen Sitten gewesen zu sein. Auf den Gemälden sieht man sie mit Schmuck behängt, stark geschminkt und nicht gerade um ihre Keuschheit besorgt. Neben ihren Männern auf breiten Sofas ausgestreckt, nehmen sie hemmungslos an deren Gelage teil. Sie spielen auch Flöte oder tanzen. Eine von ihnen, die später sehr wichtig für Rom wurde, Tanaquilla, war eine «Intellektuelle», die sich gut in Mathematik und Medizin auskannte, woraus wir schließen, dass die etruskischen Frauen, im Gegensatz zu ihren zu finsterstem Unwissen verdammten römischen Kolleginnen, zur Schule gingen und lernten. Frauen mit lockeren Sitten bezeichneten die Römer, die ziemliche Moralapostel waren, als «toskanisch», also «etruskisch». So wird in einer Komödie des Plautus ein Mädchen «toskanischer Sitten» bezichtigt, weil sie sich prostituiert.

Im Zentrum der Religion, welche immer die Moral eines Volkes spiegelt, stand bei den Etruskern ein Gott namens Tinia, der seine Macht mit Blitz und Donner ausübte.

Wer nicht beweisen konnte, nach den Gesetzen der Richter gelebt zu haben, wurde zur Hölle verdammt, es sei denn, seine hinterbliebenen Verwandten und Freunde beteten und brachten genügend Opfergaben für seine Erlösung dar. In diesem Fall wurde er im Paradies aufgenommen.

Doch vom Paradies scheinen die Etrusker selten, und wenn, dann ziemlich vage gesprochen zu haben. Vielleicht waren es zu wenige, die dort hingelangten, um Genaueres darüber wissen zu können. Worüber sie jedoch bestens Bescheid wussten, war die Hölle, und sie kannten jede einzelne Qual, die man dort erleidet. Offenbar dachten ihre Priester, die Leute eher mit der Drohung der Verdammnis bei der Stange halten zu können, als mit der Hoffnung auf Verge-

questo modo di veder le cose si è perpetuato sino in tempi più recenti, sino a quelli di Dante che, nato in Etruria anche lui, è rimasto dello stesso parere e sull'inferno ha scialato molto più che sul paradiso.

Con questo non dobbiamo credere che gli etruschi fossero fiorellini di gentilezza. Ammazzavano con relativa facilità, e sia pure con la buona intenzione di offrire in sacrificio la vittima per la salvezza di qualche amico o parente. Sopratutto i prigionieri di guerra erano adibiti a questa bisogna.

Politicamente, le loro sparse città non riuscirono mai a unirsi, e purtroppo non ce ne fu nessuna abbastanza forte per tenere in pugno le altre, come fece Roma con le rivali latine e sabine. Ci fu una federazione dominata da Tarquinia, ma non venne a capo delle tendenze separatiste. I dodici piccoli stati che ne facevano parte, invece di unirsi contro il comune nemico, si lasciarono battere e fagocitare da esso uno per uno. La loro diplomazia era come quella di certe moderne nazioni europee che preferiscono morire da sole piuttosto che vivere insieme.

Tutto questo è stato ricostruito, a furia d'induzioni, dai resti dell'arte etrusca che sono giunti sino a noi e che costituiscono la sola eredità lasciataci da quel popolo.

Ma per quanto scarsi siano questi resti, bastano a farci capire come i romani, una volta ch'ebbero sopraffatto gli etruschi, dopo essere andati per un pezzo a scuola da loro e averne subìto la superiorità soprattutto nel campo tecnico e organizzativo, non solo li distrussero, ma cercarono di cancellare ogni traccia della loro civiltà. La consideravano malata e corruttrice. Copiarono da essa tutto quello che faceva loro comodo. Mandarono alle scuole di Vejo e di Tarquinia

bung. Diese Sichtweise hat bis in neuere Zeiten überdauert, bis zu jenen Dantes, der, auch er in Etrurien geboren, der gleichen Meinung war und sich über die Hölle sehr viel breiter ausgelassen hat als über das Paradies.

Damit sollten wir aber bloß nicht glauben, dass die Etrusker besonders liebenswürdige Zeitgenossen waren. Sie töteten recht leichtfertig, wenn auch mit der guten Absicht, den Getöteten als Opfer für die Errettung eines Freundes oder Verwandten darzubringen. Vor allem Kriegsgefangene waren für diesen Zweck geeignet.

In politischer Hinsicht gelang es ihren verstreuten Städten nie, eine Einheit zu bilden, und leider war keine von ihnen stark genug, um die anderen fest im Griff zu halten wie Rom seine latinischen und sabinischen Rivalen. Es gab zwar eine von Tarquinia beherrschte Föderation, doch konnte sie sich gegen die separatistischen Bestrebungen nicht behaupten. Anstatt sich gegen den gemeinsamen Feind zusammenzuschließen, ließen sich die zwölf zugehörigen kleinen Staaten von diesem einzeln schlagen und aufsaugen. Ihre Diplomatie entsprach der gewisser moderner europäischer Nationalstaaten: lieber allein sterben als miteinander leben.

All das sind Mutmaßungen, sie stützen sich auf die Reste der etruskischen Kunst, die bis zu uns gelangt sind und die die einzige Hinterlassenschaft dieses Volkes ausmachen.

Aber wie spärlich auch immer diese Reste sein mögen, sie reichen aus, um uns vor Augen zu führen, wie die Römer, nachdem sie die Etrusker schließlich doch überwältigt hatten, diese nicht nur vernichteten, sondern jegliche Spur ihrer Zivilisation auszulöschen versuchten und das, nachdem sie eine Weile bei ihnen zur Schule gegangen und ihre Überlegenheit vor allem auf technischem und organisatorischem Gebiet leidvoll hatten erfahren müssen. Sie hielten sie für krank und verdorben, und dennoch übernahmen sie alles, was ihnen passte. Sie schickten ihre Söhne in die Schulen von Vejo und Tar-

i loro ragazzi per addottorarli specialmente in medicina e ingegneria. Imitarono la toga. Adottarono l'uso della moneta. E forse presero a prestito anche l'organizzazione politica, che però gli etruschi ebbero in comune con tutti gli altri popoli dell'antichità e che passò, anche in casa loro, da un regime monarchico ad uno repubblicano, retto da un lucumone, magistrato elettivo, e infine a una forma di democrazia dominata dalle classi ricche. Ma i propri costumi, stoici e sani, basati sul sacrificio e sulla disciplina sociale, Roma volle preservarli dalle mollezze di quelli etruschi. Istintivamente sentì che vincere in guerra il nemico e occuparne le terre non bastava, se poi gli si dava il destro di contaminare le case del padrone, assumendovelo in qualità di schiavo o di precettore, come si usava a quei tempi coi vinti. E lo distrusse. E ne volle sepolti tutti i documenti e monumenti.

Questo però successe molto tempo dopo che il primo contatto venisse stabilito fra i due popoli.

quinia, um sie zu Doktoren insbesondere der Medizin und im Ingenieurwesen ausbilden zu lassen. Sie ahmten die Toga nach und führten den Gebrauch von Münzen ein. Vielleicht machten sie auch eine Anleihe bei ihrer politischen Organisation, die die Etrusker jedoch mit allen anderen Völkern der Antike teilten: Auch bei ihnen ging die Monarchie in eine von einem *lucumon,* einem gewählten Magistraten, regierte republikanische Regierungsform und schließlich in eine von den Klassen der Reichen beherrschte Demokratie über. Die eigenen Bräuche jedoch – unerschütterlich, gesund und auf Opferbereitschaft und soziale Disziplin gebaut – wollte Rom vor der Verweichlichung durch die etruskischen bewahren. Instinktiv fühlte es, dass es nicht genug war, den Feind im Krieg zu besiegen und sein Land zu besetzen, um ihm dann die Gelegenheit zu geben, die Häuser der Herren zu verderben, indem man ihn als Sklaven oder als Erzieher anstellt, wie man es eben damals mit den Besiegten hielt. Es vernichtete ihn, wollte, dass alle Zeugnisse und Bauwerke begraben würden.

Dies aber geschah lange Zeit nach dem ersten Kontakt zwischen den beiden Völkern.

Nella Roma di quei tempi, tutti «vivevano pericolosamente». E i pericoli cominciavano il giorno che si veniva al mondo. Perché se uno nasceva femmina o per qualche ragione minorato, il padre aveva il diritto di scaraventarlo fuor dell'uscio e di lasciarvelo morire. E spesso lo faceva davvero.

Il figlio maschio e sano, invece, generalmente era bene accolto, non solo perché più tardi, col suo lavoro, sarebbe stato di aiuto ai genitori, ma anche perché costoro credevano che, se non lasciavano qualcuno a curare la loro tomba e a celebrarvi sopra i dovuti sacrifici, la loro anima non sarebbe entrata in paradiso.

Se tutto andava bene, cioè se aveva azzeccato sesso e fisica integrità, il nuovo venuto veniva, otto giorni dopo la nascita, ufficialmente ricevuto dalla *gens*, con una solenne cerimonia. La *gens* era un gruppo di famiglie che risalivano a un comune antenato il quale aveva dato il proprio nome. Infatti il pargolo di nomi ne riceveva solitamente tre: quello individuale o «prenome» (come Mario, Antonio, eccetera), quello della gente o «nome» vero e proprio, e quello della sua propria famiglia o «cognome». Questo, per ciò che riguarda gli uomini. Le donne invece portavano il «nome» solo, cioè quello della gente. E si chiamavano infatti Tullia, Giulia, Cornelia, eccetera, mentre i loro fratelli erano, poniamo, Marco Tullio Emilio, Publio Giulio Antonio, Caio Cornelio Gracco.

Questo strano costume ha generato un sacco di confusioni, perché siccome gli antenati fondatori erano stati, come già abbiamo detto, un centinaio in tutto, altrettanti erano i «nomi» delle genti, e quindi si ri-

Die Erziehung

Im Rom jener Zeiten lebten «alle gefährlich». Schon am Tag der Geburt ging es mit den Gefahren los. Wenn jemand als Mädchen oder auf irgendeine Weise behindert geboren wurde, hatte der Vater das Recht, das Neugeborene vor die Tür zu werfen und dort sterben zu lassen. Das kam tatsächlich häufig vor.

Ein gesunder Sohn hingegen war im Allgemeinen sehr willkommen, nicht nur, weil er später mit seiner Arbeit den Eltern eine Hilfe sein würde, sondern auch, weil diese glaubten, ihre Seele fände im Paradies keinen Einlass, wenn sie niemanden zurückließen, der ihr Grab pflegte und dort die gebotenen Opfer darbrachte.

Wenn alles gut ging, wenn also das Geschlecht stimmte und körperliche Unversehrtheit gegeben war, wurde der Neuankömmling acht Tage nach der Geburt in einer feierlichen Zeremonie offiziell von der *gens* in Empfang genommen. Die *gens* war das Geschlecht, das von einem gemeinsamen Vorfahren abstammte, dessen Namen es führte. Gewöhnlich erhielt das Kind drei Namen: seinen persönlichen, den «Vornamen» (wie Marius, Antonius usw.), den des Geschlechts, also den echten und richtigen «Namen», sowie den seiner eigenen Familie, den «Nachnamen». Diese Regelung galt für die Männer. Die Frauen hingegen trugen nur den «Namen», das heißt den des Geschlechts. Sie hießen also Tullia, Julia, Cornelia und so weiter, während ihre Brüder sagen wir Marcus Tullius Aemilius, Publius Julius Antonius oder Caius Cornelius Gracchus hießen.

Dieser seltsame Brauch stiftete eine Menge Verwirrung, da die Vorfahren und Gründer der Stadt insgesamt, wie bereits erwähnt, um die hundert waren, es also ebenso viele «Namen» gab, die sich folglich ständig wiederholten. Das

petevano continuamente, rendendo obbligatoria l'aggiunta di un quarto o di un quinto soprannome. Per esempio, il Publio Cornelio Scipione che distrusse Cartagine si aggiunse anche, sul biglietto di visita, un «Emiliano Africano Minore», per distinguersi dal Publio Cornelio Scipione che aveva vinto Annibale e aveva aggiunto su quello suo un «Africano Maggiore».

Erano, come vedete, nomi lunghi, pesanti e imponenti, che già di per se stessi caricavano un certo numero di doveri sulle spalle del neonato. Un Marco Tullio Cornelio non poteva concedersi i lussi né abbandonarsi ai capricci di cui oggi si riconosce il diritto a un «Fofino» o a un «Pupetto». E infatti non crescevano punto vezzeggiati. Sin dalla più tenera età s'insegnava loro che la famiglia di cui erano membri costituiva una vera e propria unità militare, in cui tutti i poteri erano concentrati sul capo, cioè sul *pater familias*. Egli solo poteva comprare e vendere, perché egli solo era il proprietario di tutto, compresa la dote della moglie. Se costei lo tradiva o gli rubava il vino nella botte, egli poteva ucci derla senza processo. Identici diritti aveva sui figli, che poteva anche vendere come schiavi. Tutto ciò ch'essi compravano diventava automaticamente suo. Le femmine si sottraevano a questa patria potestà solo quando egli le conduceva in sposa a qualcuno *cum manu*, cioè rinunziando esplicitamente a ogni diritto su di loro. Ma in tal caso questi diritti passavano al marito. Di modo che la donna finiva col dipendere sempre da un uomo: o dal padre o dallo sposo, o dal figlio maggiore quando restava vedova, o da un tutore.

Questa dura disciplina, che poi lentamente si addolcì col trascorrere dei secoli, trovava il suo limite nella *pietas*, cioè negli affetti tra i coniugi e tra questi e i figli. Ma essi non giungevano mai, o quasi mai, a intac-

machte schließlich das Hinzufügen eines vierten oder fünften Namens erforderlich. So führte zum Beispiel Publius Cornelius Scipio, der Karthago zerstörte, auf seiner Visitenkarte den Zusatz «Aemilius Africanus d. Jüngere», um sich von Publius Cornelius Scipio zu unterscheiden, der Hannibal besiegt und auf seiner Karte «Africanus d. Ältere» hinzugefügt hatte.

Wie man sieht, handelte es sich um lange, gewichtige und ehrwürdige Namen, die schon für sich genommen etliche Verpflichtungen auf die Schultern des Neugeborenen luden. Ein Marcus Tullius Cornelius konnte sich weder den Luxus noch die Launen erlauben, die heutzutage jeder «kleine Liebling» oder jedes «Püppchen» für sich in Anspruch nimmt. Sie wurden beileibe nicht verwöhnt. Schon in zartestem Alter brachte man ihnen bei, dass die Familie, der sie angehörten, eine echte eigene militärische Einheit bildete, in der alle Macht dem Familienoberhaupt oblag, dem *pater familias*. Nur er konnte kaufen und verkaufen, denn ihm allein gehörte alles, die Mitgift der Frau inbegriffen. Wenn diese ihn betrog oder ihm den Wein aus dem Fass stahl, dann konnte er sie ohne Gerichtsverhandlung töten. Die gleichen Rechte hatte er gegenüber den Kindern, die er auch als Sklaven verkaufen konnte. Alles, was diese sich anschafften, gehörte unweigerlich ihm. Die Mädchen entkamen dieser väterlichen Gewalt nur, wenn er sie *cum manu* verheiratete, also ausdrücklich auf jegliches Recht an ihnen verzichtete. In diesem Fall gingen die Rechte jedoch auf den Ehemann über, so dass die Frau letztlich immer von einem Mann abhängig war: vom Vater, vom Ehemann, vom ältesten Sohn, wenn sie Witwe wurde, oder von einem Vormund.

Dieser strengen Regelung, die sich im Laufe der Jahrhunderte allmählich lockerte, setzte die *pietas*, also die Zuneigung zwischen den Eheleuten sowie zwischen diesen und ihren Kindern, eine Grenze. Doch nie, oder fast nie, ging man so

care la granitica unità della famiglia romana, che includeva anche i nipoti, i pronipoti e gli schiavi, considerati questi ultimi semplici oggetti. La madre si chiamava *domina*, cioè signora, e non era confinata in un gineceo, come capitava a quelle greche. Prendeva i pasti col marito, ma seduta sul triclinio (una specie di rustico divano), invece che distesa come ci stava lui. In genere, non lavorava molto, manualmente, perché crisi di personale di servizio non ce n'era, con tanti schiavi che venivano catturati sul campo di battaglia, e ogni famiglia ne aveva più d'uno. La *domina* li dirigeva e sorvegliava. Eppoi, per svagarsi, tesseva la stoffa per gli abiti del marito e dei figli. Libri, carte da giuoco, teatro, circo: niente. Le visite erano rare e di stretta prammatica. Un cerimoniale scrupoloso le rendeva complicate e difficili. La *domus*, cioè «la casa», era, più che una caserma, un fortino vero e proprio. E lì, nella più assoluta obbedienza, si formavano i ragazzi.

Ad essi veniva insegnato che nel focolare la fiamma non doveva mai estinguersi perché essa rappresentava Vesta, la dea della vita. Bisognava nutrirla aggiungendo sempre altra legna e gettandovi briciole di pane durante i pasti. Alle pareti, ch'erano di fango o di mattoni, erano appese piccole icone, in ognuna delle quali il ragazzo vedeva un Lare o un Penate, spiritelli domestici che proteggevano la prosperità della casa e dei campi. Sulla porta c'era Giano a sorvegliare, con le sue due facce rivolte una dentro e l'altra fuori, chi entrava e chi usciva. E tutt'intorno, a montar la guardia, c'erano i Mani, le anime degli antenati, che restavano nei paraggi anche dopo morti. Sicché nessuno poteva fare un movimento senza dar di capo in qualche soprannaturale guardiano, che faceva parte

weit, die unerschütterliche Einheit der römischen Familie zu verletzen, die auch Enkel, Urenkel und Sklaven mit einschloss, wobei Letztere als einfache Gegenstände betrachtet wurden. Die Mutter hieß *domina*, Herrin, und war also nicht wie die Griechinnen in ein Frauenhaus verbannt. Sie nahm gemeinsam mit dem Ehemann die Mahlzeiten auf einer Trikline ein (eine Art rustikaler Diwan) – jedoch im Sitzen, und nicht wie er im Liegen. Hausarbeiten hatte sie im Allgemeinen wenige zu erledigen, da es dank der großen Menge Sklaven – auf dem Schlachtfeld gefangengenommene Männer – keinen Dienstbotenmangel gab und jede Familie mehr als einen hatte. Die *domina* leitete sie an und überwachte sie. Ansonsten webte sie zum Zeitvertreib den Stoff für die Gewänder von Mann und Kind. Bücher, Spielkarten, Theater oder Zirkus – dergleichen gab es nicht. Besuche waren selten und streng geregelt. Ein peinlich genaues Zeremoniell machte sie zu einer heiklen und schwierigen Angelegenheit. Das *domus*, «das Haus» also, war mehr als eine Kaserne, es war eine regelrechte Festung, in der unter strengstem Gehorsam die Kinder erzogen wurden.

Man brachte ihnen bei, dass das Feuer im häuslichen Herd nie erlöschen durfte, weil es Vesta, die Göttin des Lebens, verkörperte. Man musste es nähren, indem man immer wieder Holz nachlegte und während der Mahlzeiten Brotkrumen hineinwarf. An den Wänden aus Lehm oder Ziegelsteinen hingen kleine Ikonen. In jeder von ihnen sah das Kind Lare oder einen Penaten, kleine Hausgeister, die den Wohlstand von Haus und Feld schützten. Über der Tür befand sich Janus, der mit seinen zwei Gesichtern, das eine nach innen, das andere nach außen gekehrt, über Kommen und Gehen wachte. Ringsherum standen die Seelen der Ahnen Wache, die Manen, die auch nach ihrem Tod in der Nähe blieben. So konnte niemand auch nur einen Schritt tun, ohne auf irgendeinen dieser übernatürlichen Wächter zu stoßen, die ebenfalls zur Familie gehörten. Eine Familie bestand also nicht nur aus den Lebenden,

anche lui della famiglia: una famiglia composta non soltanto dai vivi, ma anche da coloro che li avevano preceduti e da coloro che li avrebbero seguiti. Tutti insieme, essi formavano un microcosmo non soltanto economico e morale, ma anche religioso, di cui il *pater* era l'infallibile papa. Egli compiva i sacrifici sull'altare di casa. Ed era in nome degli dèi che impartiva gli ordini e distribuiva i castighi.

La religiosità in cui cresceva il ragazzo romano, più che a migliorarlo nel senso che noi oggi diamo a questa parola, mirava a disciplinarlo. Infatti essa non lo spingeva verso i nobili ideali della bontà e della generosità, ma all'accettazione delle regole liturgiche che di tutta la sua vita facevano un rito. Non gli si chiedeva, per esempio, di essere disinteressato; gli si chiedeva, anzi gli si imponeva, di rispettare certe formule e di partecipare alle cerimonie.

A questa accurata e puntigliosa formazione del carattere, seguiva, verso i sei o sette anni, quella della mente, cioè l'istruzione vera e propria. Ma essa non era gestita dallo stato, come succede oggi, con le scuole pubbliche. Restava affidata alla famiglia, e di rado il babbo, anche nelle case benestanti, la delegava a qualche schiavo o liberto. Quest'uso venne molto più tardi, quando Roma fu più grande e più forte, ma non più *stoica*. Sino a tutte le guerre puniche, era il padre che faceva da maestro al figlio, cioè gl'impartiva quella che oggi si chiama la cultura e che allora si chiamava «disciplina» per meglio metterne in risalto il carattere di obbedienza assoluta.

Le materie erano poche e semplici: lettura, scrittura, grammatica, aritmetica e storia. I romani conoscevano una specie d'inchiostro ricavato dal succo di certe bacche. In esso intingevano un'asticciòla di metallo con

sondern auch aus denen, die ihnen vorangegangen waren, und denen, die nach ihnen kommen würden. Alle zusammen bildeten einen Mikrokosmos, nicht nur in wirtschaftlichem und moralischem, sondern auch in religiösem Sinne, wobei der *pater* der unfehlbare Papst war. Er brachte die Opfer auf dem Hausaltar dar, erteilte im Namen der Götter Befehle und verhängte Strafen.

Die Religiosität, in der der römische Knabe aufwuchs, zielte eher darauf ab, ihn zu Disziplin zu erziehen, als einen besseren Menschen im heutigen Sinne des Wortes aus ihm zu machen. In der Tat wurde er nicht zu hohen Tugenden wie Güte und Großzügigkeit hingeführt, sondern zur Annahme der liturgischen Regeln, die aus seinem ganzen Leben einen Ritus machten. Man verlangte von ihm zum Beispiel nicht nur, keine Gleichgültigkeit zu zeigen, sondern man verlangte, vielmehr zwang ihn regelrecht dazu, gewisse Formeln zu achten und an den Riten teilzunehmen.

Dieser sorgfältigen und starren Erziehung des Charakters folgte mit etwa sechs oder sieben Jahren die des Geistes, also die eigentliche und wahre Bildung. Diese wurde jedoch [vorerst] nicht vom Staat gelenkt, wie es heute durch die öffentlichen Schulen der Fall ist, sondern blieb Aufgabe der Familie, wobei selbst in wohlhabenden Häusern der Papa nur selten einen Sklaven oder Freigelassenen damit beauftragte. Erst sehr viel später, als Rom größer und mächtiger war, aber nicht mehr *stoisch*, wurde dies allgemein Brauch. Bis zu den Punischen Kriegen war es der Vater, der den Sohn unterrichtete, das heißt, ihn das lehrte, was man heute Kultur und damals «Disziplin» nannte, um den Charakter des absoluten Gehorsams zu unterstreichen.

Es gab nur ein paar einfache Fächer: Lesen, Schreiben, Grammatik, Arithmetik und Geschichte. Die Römer kannten eine Art Tinte, die sie aus dem Saft gewisser Beeren gewannen. In diesen tauchten sie ein kleines Metallstäbchen, mit

cui componevano le parole sopra tavolette di legno piallato (solo più tardi riuscirono a fabbricare carta di lino e pergamena). La loro era una lingua dalla sintassi severa, ma di pochi vocaboli e senza sfumature, che si prestava più alla compilazione di leggi e di codici che ai romanzi e alla poesia. Di questa roba i romani d'altronde non sentivano nessun bisogno, e chi voleva leggerne, doveva imparare il greco, lingua molto più ricca, sfumata e flessibile. In greco infatti è composto il loro primo testo di storia scritta: quello di Quinto Fabio Pittore. Ma è del 202 avanti Cristo, cioè di un'età molto più avanzata.

Sino a quel momento la storia veniva tramandata solo oralmente di babbo in figlio attraverso racconti immaginosi che colpissero la fantasia dei bambini: era quella di Enea, di Amulio e Numitore, degli Orazi e dei Curiazi, di Lucrezia e di Collatino.

Ginnastica, nulla. Le «palestre» e i «ginnasi» sono di un'età molto posteriore, e d'importazione greca anch'essi. I babbi romani preferivano corroborare i muscoli dei loro figli mettendoli al lavoro sul podere con la vanga e l'aratro, eppoi consegnandoli all'esercito che, quando li lasciava vivi, li restituiva dopo molti anni a prova di bomba. Per questo non s'insegnava neanche la medicina. I romani ritenevano che fossero non i viri a provocare le malattie, ma gli dèi. E allora delle due l'una: o gli dèi volevano, con quel segno, dire al malato: «sgombra», e in tal caso non c'era nulla da fare; o volevano soltanto impartirgli un momentaneo castigo, e in tal caso non c'era che da aspettare. Infatti per ogni malanno c'era una preghiera a questa o a quella divinità. La Madonna della Febbre, cui ancora oggi il popolino romano si rivolge, è la versione

dem sie Wörter auf glatt gehobelte Holztäfelchen schrieben (erst später gelang es ihnen, Papier aus Leinen und Pergament herzustellen). Ihre Sprache wies einen strengen Satzbau auf, aber nur wenig und nicht besonders nuancenreiche Wörter; sie eignete sich eher für Gesetze und Regeln als für Romane und Dichtung. Solchen Firlefanz meinten die Römer auch nicht zu brauchen. Wer so etwas lesen wollte, sollte Griechisch lernen, eine wesentlich reichere, geschmeidigere und anschaulichere Sprache. Tatsächlich wurde der erste niedergeschriebene Geschichtstext von Quintus Fabius Pictor in griechischer Sprache verfasst. Das war aber erst im Jahr 202 v. Chr., also sehr viel später.

Bis dahin wurde Geschichte ausschließlich durch bilderreiche, die Phantasie der Kinder anregende Erzählungen vom Vater an den Sohn überliefert, wie die des Aeneas, des Amulius und des Numitor, der Horatier und der Curiatier, der Lukretia und des Collatinus.

Körperertüchtigung – Fehlanzeige. *Palestra* und *gymnasium* sind sehr viel späteren Datums, und auch sie Import aus Griechenland. Die römischen Väter wollten die Muskeln ihrer Söhne lieber durch Feldarbeit mit Spaten und Pflug stärken und sie dann der Armee übergeben, die sie, wenn sie es überlebten, nach vielen Jahren als unerschrockene und eisenharte Kerle zurückgab. Auch Medizin wurde nicht gelehrt, weil die Römer der Meinung waren, dass nicht Viren, sondern die Götter Schuld an den Krankheiten sind. Es gab also nur zwei Möglichkeiten: Entweder wollten die Götter mit diesem Zeichen dem Kranken sagen: «verschwinde!» – dann war nichts mehr zu machen; oder sie wollten ihm nur eine vorübergehende Strafe auferlegen – in diesem Fall konnte man nichts anderes tun als abwarten. Tatsächlich gab es für jedes Leiden ein Gebet, das sich an diese oder jene Gottheit richtete. Die «Madonna des Fiebers», an die sich noch heute das einfache römische Volk wendet, ist die heutige Variante

aggiornata delle dee Febbre e Mefite cui si rivolgeva allora.

Quanto alle ore di ricreazione dallo studio, nemmeno esse erano lasciate al capriccio dei ragazzi e dovevano andare sprecate. Dopo molte ore di zappa e qualcuna di grammatica, i babbi senatori prendevano i figli per mano e li conducevano alla curia, davanti al Foro, dove la loro assemblea teneva le sue sedute o *senatoconsulti*. E lì su quei banchi, in silenzio, i bambini romani, sin dall'età di sette o otto anni, ascoltavano dibattere i grandi problemi dello stato, l'amministrazione, le alleanze, le guerre, e si modellavano su quello stile grave e solenne, che costituì la loro precipua caratteristica (e li rendeva tanto noiosi).

Ma il definitivo ritocco alla loro formazione lo dava l'esercito. Quanto più un cittadino era ricco, tante più tasse aveva da pagare e tanti più anni da servire sotto le bandiere. Per chi voleva iniziarsi a una pubblica carriera, il minimo era dieci. E quindi soltanto i ricchi praticamente potevano intraprenderla perché solo essi potevano trascorrere tanto tempo lontani dal podere o dalla bottega. Ma anche chi si contentava di esercitare i propri diritti politici, cioè quello di voto, doveva aver fatto il soldato.

Ma ciò che faceva la forza dell'esercito non era l'organico; era la disciplina. Il codardo veniva frustato sino alla morte. E il generale poteva decapitare chiunque, ufficiale o soldato, per la minima disobbedienza. Ai disertori e ai ladri si tagliava la mano destra. E il rancio consisteva in pane e vegetali. A questa dieta eran così abituati che i veterani di Cesare, un anno di carestia di grano, si lamentarono d'essere obbligati a mangiar carne.

Di leva, si era a sedici anni, quando ai nostri tempi

der Göttinnen Febris und Mephitis, an die man sich damals wandte.

Was die Pausen zur Erholung vom Lernen anging, so waren nicht einmal sie den Kindern frei überlassen: sie durften nicht verschwendet werden. Nach vielen Stunden des Hackens auf dem Feld und ein paar Stunden Grammatik nahmen die Senatoren-Väter ihre Söhne an der Hand und führten sie in die Kurie vor dem Forum, wo der Senat seine Versammlungen abhielt und Beschlüsse, *senatusconsulta*, fasste. Still auf den Bänken sitzend, lauschten die römischen Knaben schon im Alter von sieben oder acht Jahren den Auseinandersetzungen über große Staatsprobleme, Verwaltung, Bündnisse und Kriege und nahmen sich ein Beispiel an jenem ernsten und steifen Stil, der schließlich zu ihrem Hauptwesensmerkmal wurde (und sie so langweilig machte).

Den letzten Schliff ihrer Erziehung verlieh ihnen aber die Armee. Je reicher ein Bürger war, desto mehr Steuern musste er zahlen und desto mehr Jahre musste er dienen. Für den, der eine öffentliche Karriere anstrebte, waren es mindestens zehn Jahre. Somit konnten es sich eigentlich nur die Reichen leisten, weil nur sie so lange Zeit ihrem Grund und ihren Geschäften fernbleiben konnten. Wer aber auch nur seine politischen Rechte wahrnehmen wollte, also das Stimmrecht, musste Soldat gewesen sein.

Die Stärke des Heeres bestand nicht in seiner Geschlossenheit, sondern in seiner Disziplin. Ein Feigling wurde zu Tode gepeitscht. Ein General konnte jeden, ob Offizier oder Soldat, wegen der geringfügigsten Verfehlung enthaupten. Deserteuren und Dieben wurde die rechte Hand abgehackt. Die Truppenverpflegung bestand aus Brot und vegetarischer Kost. Caesars Veteranen waren so sehr daran gewöhnt, dass sie sich nach einem Jahr, in dem das Getreide knapp war, beschwerten, Fleisch essen zu müssen.

Eingezogen wurden die jungen Männer mit sechzehn Jah-

si comincia a pensare alle ragazze. I sedicenni romani invece dovevano pensare al reggimento, e lì venivano accolti e rifiniti. La disciplina vi era così dura e il lavoro così pesante, che tutti preferivano la battaglia. La morte, per quei ragazzi, non era un gran sacrificio. E per questo l'affrontavano con tanta disinvoltura.

ren, in einem Alter, in dem sie heute anfangen, an Mädchen zu denken, während die sechzehnjährigen Römer an das Regiment denken mussten; dort wurden sie aufgenommen und erhielten ihren Feinschliff. Die Disziplin war so hart und die Arbeit so schwer, dass sie alle lieber in die Schlacht zogen. Der Tod bedeutete für diese Jungs kein großes Opfer. Deswegen begegneten sie ihm auch mit solcher Gelassenheit.

Gli dèi

L'ordinamento dello stato e delle magistrature fu reso possibile soltanto dalla legge, cioè dalla pubblicazione delle Dodici Tavole dei decemviri, che ne costituirono insieme la causa, la conseguenza e lo strumento.

Fino ad allora Roma era vissuta praticamente in un regime di teocrazia, in cui il re era anche papa. Egli solo aveva, come tale, il diritto di regolare i rapporti fra gli uomini non secondo una legge scritta, ma secondo la volontà degli dèi, che a lui solo la comunicavano nelle cerimonie religiose. Il papa dapprima faceva tutto da solo. Poi, col crescere della cittadinanza e col moltiplicarsi e complicarsi dei problemi, ebbe tutto un clero ad aiutarlo. E furono appunto i sacerdoti i primi avvocati di Roma.

Il povero diavolo che aveva ricevuto, o credeva di aver ricevuto un torto, andava da uno di essi per avere un consiglio. E costui glielo dava consultando testi segretissimi, dove soltanto loro, i preti, avevano il diritto di ficcare il naso. Nessuno quindi sapeva con precisione quali fossero i suoi diritti e i suoi doveri. Glielo diceva, caso per caso, il sacerdote. E i processi venivano celebrati secondo una liturgia di cui egli solo conosceva i riti. Siccome il clero, in origine, fu tutto aristocratico, o asservito all'aristocrazia, è facile capire come fossero i verdetti quando erano in ballo cause fra patrizi e plebei.

Il primo effetto delle Dodici Tavole fu quello di separare il diritto civile da quello divino, cioè di svincolare i rapporti fra cittadini dalla volubile volontà degli dèi, cioè di coloro che dicevano di rappresentare gli dèi. E da questo momento Roma cessò di essere

Die Götter

Die Organisation von Staat und Justiz wurde erst kraft Gesetzes möglich, das heißt durch die Bekanntmachung der Zwölf Tafeln der Dezemvirn, die Ursache, Folge und Instrument in einem waren.

Bis dahin hatte in Rom sozusagen eine Theokratie geherrscht, in der der König zugleich Papst war. Nur er hatte als solcher das Recht, die Beziehungen zwischen den Menschen zu regeln, und das nicht auf der Grundlage geschriebenen Gesetzes, sondern nach dem Willen der Götter, welcher nur ihm in den religiösen Zeremonien mitgeteilt wurde. Am Anfang machte er alles allein. Später, mit dem Anwachsen der Bürgerschaft und den sich häufenden, immer größeren Problemen, stand ihm eine ganze Priesterschaft bei. In der Tat waren die Priester die ersten Anwälte in Rom.

Also ging denn so ein armer Teufel, dem Unrecht geschehen war oder der das zumindest glaubte, zu einem von ihnen, um sich Rat zu holen. Der befragte dann streng geheime Texte, in die nur sie, die Priester, das Recht hatten, ihre Nase zu stecken. Niemand wusste demnach genau, welches seine jeweiligen Rechte und Pflichten waren. Es wurde von Fall zu Fall von dem Priester entschieden. Die Prozesse wurden nach einer Liturgie zelebriert, deren Riten nur er kannte. Da die Priesterschaft ursprünglich rein aristokratisch beziehungsweise der Aristokratie unterworfen war, kann man sich gut vorstellen, wie die Urteilssprüche bei Prozessen zwischen Patriziern und Plebejern ausfielen.

Die erste Folge der Zwölf Tafeln bestand in der Trennung von zivilem und göttlichem Recht, also der Befreiung der Bürger vom unberechenbaren Willen der Götter und damit vom Willen derer, die behaupteten, im Namen der Götter zu handeln. Von da an hörte Rom auf, eine Theokratie zu sein.

una teocrazia. Piano piano il monopolio ecclesiastico della legge cominciò a cadere a pezzi. Appio Claudio il Cieco pubblicò un calendario di *dies fasti,* indicando in che giorni le cause potevano essere discusse e secondo che procedura: cosa che fin qui i preti dicevano di essere i soli a sapere. Più tardi Coruncanio fondò una vera e propria scuola di avvocati, che della legge finirono per diventare i tecnici a esclusione dei preti. Le Dodici Tavole, che fornirono i principi basilari a tutta la successiva legislazione di Roma e del mondo, diventarono materia obbligatoria d'insegnamento per i ragazzi delle scuole che dovevano impararle a memoria, e contribuirono a formare il carattere romano, ordinato e severo, legalistico e litigioso.

È da questo momento che i preti, costretti ad occuparsi soltanto di questioni religiose, cercarono di mettervi un po' d'ordine, senza peraltro riuscirvi completamente. Essi erano organizzati in collegi.

Il più importante di questi collegi era quello dei nove *àuguri* che avevano per compito d'indagare le intenzioni degli dèi circa le gravi decisioni che il governo stava per prendere. Vestito nei suoi sacri paramenti e preceduto da quindici *flamines,* il pontefice massimo prendeva gli auspici nei primi tempi osservando il volo degli uccelli, come aveva fatto Romolo per fondare Roma, più tardi, studiando le viscere degli animali che si offrivano in sacrificio (ed erano ambedue sistemi imparati dagli etruschi). Nelle crisi più gravi si spediva una delegazione a Cuma per interrogare la Sibilla, ch'era la sacerdotessa di Apollo. E in quelle gravissime, si mandava a consultare l'oracolo di Delfo, la cui fama era giunta fino in Italia. Ora, siccome i sacerdoti non avevano altri doveri che quelli verso lo stato, è naturale ch'essi fossero sensibili alle sollecita-

Nach und nach zerbrach das Rechtsmonopol der Priesterschaft. Appius Claudius, der Blinde, veröffentlichte einen Kalender der *dies fasti*, auf dem vermerkt war, an welchen Tagen und nach welchem Verfahren die Rechtsstreitigkeiten verhandelt werden konnten – etwas, was bis dahin allein die Priester für sich beanspruchten. Später gründete Coruncanius eine richtige Schule für Anwälte, die schließlich unter Ausschluss der Priester zu den fachkundigen Hütern des Gesetzes wurden. Die Zwölf Tafeln, Grundstein für die gesamte nachfolgende Gesetzgebung Roms und der Welt, wurden für die Kinder in der Schule Pflichtfach – sie mussten sie auswendig lernen – und trugen somit zur Bildung des römischen Charakters bei: ordentlich, streng, gesetzestreu und streitsüchtig.

Die Priester, die nun gezwungen waren, sich nur noch mit religiösen Fragen zu beschäftigen, versuchten von da an, etwas Ordnung zu schaffen – ohne dass es ihnen allerdings recht gelungen wäre – und organisierten sich in Kollegien.

Das bedeutendste dieser Kollegien war das der neun *Auguren*, das die Aufgabe hatte, die Gesinnungen der Götter zu erforschen, wenn die Regierung vor schwerwiegenden Entscheidungen stand. Dazu deutete der in die heiligen Gewänder gekleidete Pontifex maximus, dem fünfzehn *flamines* voranschritten, die Zeichen, wobei er in früheren Zeiten den Flug der Vögel beobachtete – wie schon seinerzeit Romulus für die Gründung Roms –, später dann die Eingeweide der geopferten Tiere prüfte (beide Verfahren hatten die Römer von den Etruskern gelernt). In ernsten Krisen schickte man eine Abordnung nach Cumae, um die Sibylle, die Priesterin des Apoll zu befragen, in besonders schweren gar nach Delphi zur Befragung des dortigen Orakels, dessen Ruhm bis nach Italien gelangt war. Jetzt, da die Priester nur noch Pflichten gegenüber dem Staat hatten, ist es verständlich, dass sie die vom Staat geforderten Aufgaben sehr ernst nahmen, waren

zioni che dallo stato venivano fatte, con promesse di uno scatto di grado o di un aumento di stipendio.

Il rito consisteva in un dono o in un sacrificio agli dèi per guadagnarsene la protezione o eluderne l'ira. La sua procedura era meticolosa, e bastava un piccolo sbaglio per doverla ripetere, fino a trenta volte. La parola «religione», in latino, ha un significato tutto esteriore e procedurale; e «sacrificio» vuol dire letteralmente rendere sacro qualcosa: quello che si offriva alla divinità. Naturalmente le offerte variavano secondo le possibilità di chi le faceva e l'importanza dei benefici a cui si aspirava. Il povero padre di famiglia che, nell'interno della casa, faceva da pontefice massimo per impetrare un buon raccolto, sacrificava sul focolare un pezzo di pane e di formaggio o un bicchiere di vino. Se la siccità si prolungava, arrivava a un galletto. Se era minacciato dall'alluvione, era capace di sgozzare il porco o una pecora. Ma quando a sacrificare era lo stato per propiziarsi il favore divino per qualche grande impresa nazionale, il Foro, dove in genere avveniva la cerimonia, si trasforma va in un vero e proprio mattatoio. Greggi intere venivano sgozzate mentre i sacerdoti pronunciavano le formule di stretto rigore. Agli dèi che avevano il palato delicato, si riservavano le rigaglie e soprattutto il fegato. Il resto lo mangiava la popolazione raccolta in cerchio. Sicché quelle cerimonie si trasformavano in pantagruelici banchetti intercalati di preghiere. Fu una legge del 97 avanti Cristo che proibì il sacrificio di vittime umane. Segno che in casi di eccezione ad esse si ricorreva, a scapito degli schiavi o dei prigionieri di guerra. Ma ci furono anche dei cittadini che volontariamente offrirono la propria vita per la salvezza della nazione, come quel Marco Curzio che, per placare gli dèi degli Inferi, in occasione d'un terremoto, si precipitò in un crepaccio, che subito si richiuse.

damit doch auch Aussichten auf Beförderung oder Gehaltserhöhung verbunden.

Der Ritus bestand in der Darreichung einer Gabe oder eines Opfers an die Götter, um deren Schutz zu erlangen oder ihren Zorn zu besänftigen. Der Vorgang wurde peinlich genau ausgeführt, ein kleiner Fehler genügte, um ihn wiederholen zu müssen – oft bis zu dreißig Mal. Das Wort «Religion» hat im Lateinischen eine völlig äußerliche und rituelle Bedeutung, und «Opferung» heißt wörtlich, etwas weihen, und zwar das, was man der Gottheit darbot. Natürlich unterschieden sich die Opfergaben je nach den Möglichkeiten dessen, der sie darbrachte, und nach der Größe der Gunst, die man sich erhoffte. Ein armer Familienvater, der in seinem Haus als Pontifex maximus eine gute Ernte erbat, opferte auf dem häuslichen Herd ein Stück Brot, Käse oder ein Glas Wein. Wenn die Trockenheit anhielt, ging er bis zu einem Hähnchen. Drohte eine Überschwemmung, brachte er es auch schon mal fertig, ein Schwein oder ein Schaf zu schlachten. Wenn es aber der Staat war, der um die Gunst der Götter für eine größere, das öffentliche Wohl betreffende Unternehmung warb, dann verwandelte sich das Forum, auf dem die Zeremonie stattfand, in ein regelrechtes Schlachthaus. Ganze Herden wurden getötet, während die Priester die streng festgelegten Formeln sprachen. Für die Götter, ganz besondere Feinschmecker, waren die Innereien, vor allem die Leber bestimmt. Den Rest verzehrte das in einem Kreis versammelte Volk bei einem ausschweifenden, von Gebeten begleiteten Fressgelage. Ein Gesetz aus dem Jahr 97 v. Chr. verbot das Menschenopfer. Ein Zeichen dafür, dass es ein solches in Ausnahmefällen gegeben hat, und zwar auf Kosten der Sklaven und Kriegsgefangenen. Es gab aber auch Bürger, die freiwillig ihr Leben für die Rettung des Staates opferten, wie jener Marcus Curtius, der die Götter der Unterwelt anlässlich eines Erdbebens besänftigen wollte und sich in eine Spalte stürzte, die sich sofort wieder schloss.

Meno truculente e più gentili erano le cosiddette cerimonie di purificazione, o di un gregge, o di un esercito che partiva in guerra, o di una intera città. Vi si faceva una processione torno torno cantando i *carmina*, inni pieni di magiche formule. Molto simile era la procedura dei *vota*, offerte per ottenere qualche favore dagli dèi.

Quali dèi?

Lo stato romano, che di essi era l'impresario, non riuscì mai a mettere ordine in questa materia, o forse non volle. Giove era considerato il più importante fra gl'inquilini dell'Olimpo ma non il loro re, come lo fu Zeus nell'antica Grecia. Rimase sempre nel vago come una forza impersonale che ora si confondeva col cielo, ora col sole, ora con la luna, ora col fulmine, secondo i gusti. E forse in un primo tempo faceva tutt'uno con Giano, il dio delle porte. Solo in seguito si differenziarono. Le ricche matrone romane andavano in processione a piedi nudi al tempio di Giove Tonante sul Campidoglio per impetrare la pioggia nelle stagioni di siccità, mentre in tempo di guerra si aprivano i portoni del tempio di Giano per consentirgli di raggiungere l'esercito e guidarlo in battaglia.

Di rango pari a quello loro erano Marte, cui s'intitolava un mese dell'anno (marzo) e che a Roma era legato da un vincolo di famiglia come padre naturale di Romolo, e Saturno, il dio della semina, che la leggenda dipingeva come un preistorico re, professore di agraria e vagamente comunista.

Dopo questo quadrumvirato, venivano le dèe. Giunone era quella della fertilità sia dei campi e degli alberi, sia degli animali e degli uomini, e col suo nome si era battezzato un mese (giugno) considerato come il più favorevole ai matrimoni. Minerva, importata

Weniger grauenerregend und sanfter waren die so genannten Reinigungszeremonien, sei es für eine Herde, für ein in den Krieg ziehendes Heer oder für eine ganze Stadt. Man zog in einer Prozession rundherum und sang die *carmina*, Gesänge voll magischer Formeln. Einen sehr ähnlichen Verlauf nahm die Zeremonie der *vota*, in der Opfer dargebracht wurden, um von den Göttern einen Wunsch erfüllt zu bekommen.

Von welchen Göttern?

Es gelang dem römischen Staat, der ihr Repräsentant war, einfach nicht, Ordnung in die Angelegenheit zu bringen; vielleicht wollte er es auch gar nicht. Jupiter wurde als wichtigster Bewohner des Olymp angesehen, aber nicht wie Zeus im antiken Griechenland als ihr König. Er blieb immer eine ungewisse, unpersönliche Macht, die mal mit dem Himmel, mal mit der Sonne, ein andermal mit dem Mond oder auch mit dem Blitz – je nach Belieben – eins wurde. Vielleicht war er ja auch früher ganz und gar identisch mit Janus, dem Gott der Türen. Erst später unterschieden sie sich dann. Die reichen römischen Matronen pilgerten barfuß zum Tempel des Donnerers Jupiter auf dem Kapitol, um in der Trockenzeit Regen zu erflehen, während man in Kriegszeiten die Tore des Janustempels öffnete, damit dieser zum Heer gelangen konnte, um es im Kampf anzuführen.

Gleichen Ranges waren Mars – nach ihm wurde ein Monat des Jahres benannt (März) –, der als leiblicher Vater des Romulus durch Familienbande mit Rom verknüpft war, sowie Saturn, der Gott der Saat, den die Legende als prähistorischen König und leicht kommunistisch angehauchten Agrarprofessor beschreibt.

Nach diesem Quadrumvirat kamen die Göttinnen. Juno war als Göttin der Fruchtbarkeit zuständig für Felder, Bäume, Tiere und Menschen. Auf ihren Namen wurde ein Monat getauft (Juni), der als ausgesprochen günstig für Eheschließungen galt. Minerva, auf den Schultern des Aeneas aus Griechen-

dalla Grecia sulle spalle di Enea, proteggeva la saggezza e la sapienza. Venere si occupava della bellezza e dell'amore. Diana, dea della luna, sovrintendeva alla caccia e ai boschi, in uno dei quali, presso Nemi, sorgeva un suo maestoso tempio, dove si diceva ch'essa avesse sposato Virbio, il primo re della foresta.

Poi veniva uno stuolo di dèi minori: i sottufficiali, diciamo così, di quel celeste esercito. Ercole, dio del vino e dell'allegria, era capace di giocarsi ai dadi una cortigiana col sagrestano del suo tempio; a Mercurio attribuivano un debole per i mercanti, gli oratori e i ladri, tre categorie di persone che evidentemente i romani consideravano della stessa risma; Bellona aveva la specialità della guerra …

Ma è impossibile nominarli tutti. Essi si moltiplicarono smisuratamente col crescere della città e con l'espandersi del suo dominio. Perché qualunque stato o provincia conquistassero, i soldati romani, come prima cosa, facevano saccheggio degli dèi locali, e li portavano in patria, convinti com'erano che, rimasti senza dèi, gli sconfitti non potessero tentare una rinvicita.

Ma, oltre a questi che, sebbene sottoposti a un trattamento di privilegio, erano tuttavia degli dèi prigionieri, c'erano i *novensiles*, cioè quelli che di propria iniziativa molti forestieri, quando si trasferivano a Roma e vi mettevano su casa, si portavano al seguito, per sentirsi meno esuli e spaesati. Li allogavano in templi costruiti con fondi privati. E i romani non solo non ne contestarono mai il diritto a nessuno, ma anzi si mostrarono straordinariamente ospitali verso tutti. Lo stato e i suoi sacerdoti li consideravano in un certo senso come dei poliziotti che avrebbero collaborato a tenere in ordine i loro fedeli senza neanche reclamare uno stipendio. E a molti assegnarono addirittura un posto nel-

land importiert, beschützte Weisheit und Wissen. Venus kümmerte sich um Schönheit und Liebe. Diana, Göttin des Mondes, führte die Aufsicht über Jagd und Wälder; aus einem dieser Wälder nahe Nemi ragte einer ihrer majestätischen Tempel hervor, in dem Virbius, der erste König des Waldes, geheiratet haben soll.

Es folgte ein ganzer Haufen niederer Götter, wenn man so will, die Unteroffiziere des himmlischen Heeres. Herkules, der Gott des Weines und des Frohsinns, brachte es fertig, mit seinem Tempeldiener um eine Kurtisane zu würfeln; Merkur sagte man eine Schwäche für Kaufleute, Redner und Diebe nach – offensichtlich für die Römer drei Sorten von Menschen gleichen Schlages. Bellona war auf Krieg spezialisiert …

Es ist schlicht unmöglich, sie alle aufzuzählen. Mit dem Wachstum der Stadt und der Ausdehnung ihrer Herrschaft vermehrten sie sich ungeheuerlich. Bei der Eroberung welchen Staates oder welcher Provinz auch immer, raubten die römischen Soldaten als Erstes die jeweiligen Götter und brachten sie nach Hause, überzeugt, dass die Besiegten ohne ihre Götter keinen Gegenschlag wagten.

Außer diesen Göttern, die Gefangene waren, auch wenn sie Privilegien genossen, gab es noch die *novensiles,* also die Götter, die so viele Fremde, wenn sie nach Rom gingen, um sich dort niederzulassen, aus eigenem Antrieb mitnahmen, damit sie sich dort weniger fremd und verlassen fühlten. Sie brachten sie in mit privaten Mitteln erbauten Tempeln unter. Die Römer sprachen nicht nur niemandem je das Recht dazu ab, sie erwiesen sich sogar gegenüber allen als außerordentlich gastfreundlich. Der Staat und seine Priester betrachteten die Götter in gewissem Sinne als Polizei, die mithalf, ihre Getreuen in Schach zu halten, und nicht einmal ein Gehalt dafür verlangte. Etlichen gewährten sie sogar einen Platz im offiziellen Olymp. Im Jahr 496 v. Chr.

l'Olimpo ufficiale. Nel 496 avanti Cristo furono così assunti nell'«organico» Demetra e Diòniso, come colleghi e collaboratori di Cerere e di Libero. Pochi anni dopo Castore e Polluce, anch'essi di fresco consacrati, si disobbligarono scendendo dal cielo per aiutare i romani a resistere nella battaglia del lago Regillo.

Verso il 300 Esculapio fu trasferito d'autorità da Epidauro a Roma per insegnarvi medicina. E piano piano questi nuovi venuti, da ospiti che erano, si trasformarono in padroni di casa; specialmente quelli greci, più affidabili e cordiali, meno freddi, formalisti e remoti degli dèi romani. Fu per influsso ellenico che piano piano si formò tra loro una gerarchia, alla cui testa fu riconosciuto Giove con gli stessi attributi che ad Atene aveva Zeus. E fu il primo passo verso quelle religioni monoteistiche che prima con lo stoicismo, poi col giudaismo, trionfarono alla fine col Cristianesimo.

Questo processo però si sviluppò molto più tardi. I romani del periodo repubblicano convissero con una folla di dèi, di cui Petronio diceva che in alcune città erano più numerosi degli abitanti e che Varrone valutò a circa trentamila. Le loro attività e interferenze rendevano difficile la vita ai fedeli che non sapevano come destreggiarsi nelle loro lotte e rivalità. Dovunque si poteva inciampare in qualche oggetto sacro all'uno o all'altro. Offesi, essi apparivano sotto forma di streghe che volavano di notte, mangiavano serpi, uccidevano i bambini e rubavano i cadaveri. In Orazio e in Tibullo, in Virgilio e in Lucano se ne incontra ad ogni passo. Essi erano tanto più pericolosi in quanto, a differenza di quasi tutte le altre religioni, quella romana non li riteneva confinati nel cielo, sebbene ammettesse che anche lì ce n'era, ma pensava che di

wurden so Demeter und Dionysos als Kollegen und Mitarbeiter von Ceres und Liber in den «Personalstand» aufgenommen. Wenige Jahre später revanchierten sich Castor und Pollux, auch sie frisch Geweihte, indem sie vom Himmel herabstiegen, um den Römern bei der Schlacht am Regillosee beizustehen.

Um das Jahr 300 wurde Aeskulap von Autoritäts wegen von Epidaurus nach Rom geschickt, um dort Medizin zu lehren. Nach und nach wandelten sich die neu hinzugekommenen Gäste zu Hausherren. Insbesondere die Griechen, denn sie waren verlässlicher und freundlicher als die römischen Götter, weniger kalt, förmlich und distanziert. Durch den hellenischen Einfluss bildete sich nach und nach eine Hierarchie unter den Göttern heraus, mit Jupiter an der Spitze, dem die gleichen Eigenschaften zugesprochen wurden wie Zeus in Athen. Das war der erste Schritt hin zu den monotheistischen Religionen, die zunächst mit dem Stoizismus, dann mit dem Judentum und schließlich mit dem Christentum ihren Sieg feierten.

Dieser Prozess jedoch vollzog sich erst sehr viel später. Zur Zeit der Republik lebten die Römer mit einer Unmenge von Göttern; Petronius behauptete, in manchen Städten gäbe es mehr Götter als Einwohner, und Varro schätzte sie auf etwa dreißigtausend. Ihr tatkräftiges und widersprüchliches Einmischen machte den Gläubigen, die nicht wussten, wie sie sich angesichts ihrer Fehden und Rivalitäten verhalten sollten, das Leben schwer. Überall konnte man über die eine oder andere heilige Sache stolpern. Beleidigt tauchten sie dann auf und flogen als Hexen durch die Nacht. Sie aßen Schlangen, brachten Kinder um und stahlen Leichen. Bei Horaz und Tibull, bei Vergil und Lukian begegnet man ihnen auf Schritt und Tritt. Sie waren umso gefährlicher, weil die römische Religion sie im Unterschied zu fast allen anderen Religionen nicht in den Himmel verbannte. Sie räumte zwar ein, dass es auch dort welche gab, doch glaubte man, dass sie sich lieber auf der

preferenza stessero sulla terra, e preda di terrestri stimoli: fame, lussuria, cupidigia, ambizione, invidia, avarizia.

Per tener gli uomini al riparo dalle loro malefatte, i collegi, o ordini religiosi, si moltiplicarono. Fra essi ce ne fu anche uno femminile, quello delle vestali, che, ingaggiate fra i sei e i dieci anni, dovevano servire per trent'anni in assoluta castità. Furono le precorritrici delle nostre monache. Vestite e velate di bianco, la loro funzione consisteva soprattutto nell'annacquare la terra con acqua attinta alla fontana sacra alla ninfa Egeria. Se sorprese a trasgredire il voto di verginità, venivano battute con le verghe e sotterrate vive. Gli storici romani ci hanno tramandato dodici casi di questa tortura. Finito il trentennale servizio, venivano riaccolte in società con molti onori e privilegi, e potevano anche sposarsi. Ma difficilmente a quell'età trovavano un marito.

Era la religione che dava ai romani, i quali non conoscevano la domenica e il *week-end,* i giorni di festa e di riposo. Ce n'era un centinaio all'anno, press'a poco quanti ce ne sono ora. Ma li celebravano con più impegno. Alcune di queste «ferie» erano austere e commemorative, come i *lemuri* (i nostri Morti) in maggio, che ogni padre di famiglia celebrava in casa riempiendosi la bocca di fagioli bianchi e risputandoli intorno al grido: «Con questi fagioli, io redimo me stesso e i miei. Andate, anime dei nostri antenati!». In febbraio c'erano i *parentali,* o i *ferali* e i *lupercali,* durante i quali si buttavano dei bambolotti di legno nel Tevere per ingannare il dio che reclamava uomini veri. Poi c'erano i *fiorali,* i *liberali,* gli *ambarvali,* i *saturnali* ...

Erde aufhielten und damit Beute von so irdischen Trieben wie Hunger, Unkeuschheit, Begierde, Ehrgeiz, Neid und Geiz wurden.

Kollegien oder religiöse Orden vermehrten sich, um die Menschen vor den Missetaten der Götter zu schützen. Darunter war auch ein weiblicher, der Orden der Vestalinnen; diese wurden im Alter von sechs bis zehn Jahren angeworben und mussten dreißig Jahre in absoluter Keuschheit dienen. Sie waren Vorläuferinnen unserer Nonnen. Gekleidet ganz in Weiß mit Schleier, bestand ihre Aufgabe vor allem darin, die Erde mit Wasser aus dem heiligen Brunnen der Nymphe Egeria zu begießen. Überraschte man sie bei der Verletzung des Keuschheitsgelübdes, wurden sie mit der Rute gezüchtigt und lebendig begraben. Zwölf Fälle solcher Folterungen haben uns die römischen Geschichtsschreiber überliefert. Nach Beendigung ihres dreißigjährigen Dienstes nahm man sie mit großen Ehren und Privilegien wieder in die Gesellschaft auf, sie durften dann auch heiraten. Aber natürlich war es schwer, in diesem Alter noch einen Mann zu finden.

Die Religion schenkte den Römern, die keinen Sonntag und kein *weekend* kannten, Feier- und Ruhetage. Es waren etwa hundert im Jahr, ungefähr so viele wie heute, sie wurden aber mit mehr Hingabe begangen. Einige dieser «freien Tage» waren strenge Gedenktage, wie die *Lemurien* (Allerseelen) im Mai, die jeder Familienvater zu Hause zelebrierte, indem er den Mund voll weißer Bohnen nahm, um sie dann auszuspucken mit dem Schrei: «Mit diesen Bohnen erlöse ich mich selbst und die Meinen. Geht hin, ihr Seelen unserer Ahnen!» Im Februar feierte man die *Parentalien* oder die *Ferialien* und die *Lupercalien*, an denen man Holzpuppen in den Tiber warf, um den Gott, der echte Menschen forderte, zu täuschen. Dann gab es da noch die Floralien, die Liberalien, die Ambaralien, die Saturnalien ...

Anche in questo campo regnava una tale anarchia che la prima ragione che spinse i romani a redigere un calendario fu la necessità di stendere una lista di queste feste. Nei primissimi tempi erano i preti a incaricarsene, indicando, mese per mese, quando si dovevano celebrare, e come. La tradizione attribuisce a Numa Pompilio il merito di aver messo ordine in questa materia con un calendario fisso, che fu in vigore sino a Cesare. Esso divideva l'anno in dodici mesi lunari, ma lasciava ai sacerdoti il diritto di allungare o accorciare a testa loro il mese, purché in fondo al dodicesimo si fosse raggiunta la somma di trecentosessantacinque giorni. Ed essi a tal punto ne abusarono per favorire o danneggiare questo o quel magistrato che, alla fine della repubblica, il calendario pompiliano era diventato del tutto opinabile e fonte soltanto di controversie.

Nella giornata le ore erano misurate a occhio, dalla posizione del sole nel cielo. Il primo orologio, a sole, fu di manifattura greca, lo importarono da Catania, nel 263, e lo piazzarono nel Foro. Ma siccome Catania è tre gradi a est di Roma, l'ora non corrispondeva, i romani si arrabbiavano, e per un secolo ci fu gran confusione perché nessuno seppe aggiustare quella diavoleria.

I giorni del mese erano divisi secondo le *kalende* (il primo), le *none* (il cinque o il sette) e gli *idi* (il tredici o il quindici). L'anno, che si chiamava *annus*, cominciava con marzo. Poi venivano aprile, maggio, giugno, quintile, sestile, settembre, ottobre, novembre, dicembre, gennaio e febbraio. Un surrogato di domenica c'era nella *nundina* che cadeva di nove giorni in nove giorni ed era quello che nei nostri villaggi è ancora il giorno di mercato. I contadini abbandonavano

Auch auf diesem Gebiet herrschte ein solches Durcheinander, dass die Römer zum Erstellen eines Kalenders als Erstes eine Liste dieser Feiertage benötigten. In der ganz frühen Zeit waren die Priester damit beauftragt, Monat für Monat festzulegen, wann und wie gefeiert werden sollte. Die Überlieferung schreibt Numa Pompilius das Verdienst zu, mit einem festen Kalender, der bis zu Caesar galt, Ordnung in diese Angelegenheit gebracht zu haben. Er teilte das Jahr in zwölf Mondmonate ein, überließ jedoch den Priestern das Recht, den Monat je nach Belieben zu verlängern oder zu verkürzen, nur mussten am Ende des zwölften Monats insgesamt dreihundertfünfundsechzig Tage zusammengekommen sein. Diese Freiheit wurde jedoch von den Priestern zugunsten oder ungunsten dieses oder jenes Beamten missbraucht, so dass schließlich am Ende der Republik der Pompilianische Kalender völlig willkürlich und nur noch Quelle von Streitigkeiten geworden war.

Die Stunden das Tages wurden nach Augenmaß festgesetzt, je nach Stellung der Sonne. Die erste Sonnenuhr, die im Jahr 263 aus Catania eingeführt und im Forum aufgestellt wurde, war griechischer Herkunft. Da Catania aber drei Grad östlich von Rom liegt, stimmte die Uhrzeit nicht. Die Römer ärgerten sich darüber, und es herrschte ein Jahrhundert lang große Verwirrung, weil keiner dieses Teufelswerk richtig einstellen konnte.

Die Tage eines Monats waren durch die *Kalenden* (der erste Tag), die *Nonen* (der fünfte oder siebte) und die *Iden* (der dreizehnte oder der fünfzehnte) aufgeteilt. Das Jahr, das *annus* hieß, begann mit dem März. Es folgten April, Mai, Juni, Quintilis, Sextilis, September, Oktober, November, Dezember, Januar und Februar. Einen Ersatz für die Sonntage boten die *nundinae,* die alle neun Tage anfielen und in den Markttagen unserer Dörfer noch heute fortleben. Die Bauern verließen ihre Felder, um im Dorf ihre

il campo per venire a vendere in paese, le loro uova e frutta, ma non era una festa vera e propria.

Per divertirsi davvero, i romani dovevano aspettare i *liberali* e i *saturnali*, quando, dice un personaggio di Plauto, «ognuno può mangiare quel che vuole, andare dove gli pare, e far l'amore con chi gli garba, purché lasci in pace le mogli, le vedove, le ragazze e i ragazzi».

Eier und ihr Obst zu verkaufen, doch waren es keine richtigen Feiertage.

Um sich wirklich vergnügen zu können, mussten die Römer die *Liberalien* und die *Saturnalien* abwarten, bei denen – so spricht eine Figur bei Plautus – «jeder essen kann, was er mag, gehen, wohin er möchte, schlafen, mit wem es ihm gefällt, solange er nur Ehefrauen, Witwen, Mädchen und Buben in Frieden lässt».

Catone

Nel 195, subito dopo la seconda guerra punica, le donne di Roma formarono un corteo, mossero verso il Foro, e chiesero al Parlamento l'abrogazione della Legge Oppia, promulgata durante il regime di austerità imposto dalla minaccia incombente di Annibale, che proibiva al bel sesso gli ornamenti d'oro, le vesti colorate e l'uso delle carrozze.

Per la prima volta nella storia di Roma le donne si facevano protagoniste di qualcosa, prendevano un'iniziativa politica, insomma affermavano i loro diritti. Non era mai accaduto, prima di allora. Per cinque secoli e mezzo, cioè dal giorno in cui era stata fondata, la storia di Roma era stata una storia di uomini, cui le donne avevano fatto, in massa e anonimamente, da coro. Le poche di cui si conosca il nome, Tarpeia, Lucrezia, Virginia, forse non sono mai esistite e non incarnano personaggi credibili, ma monumenti al Tradimento o alla Virtù. La vita pubblica romana era soltanto maschile. Le donne non contavano che in quella privata, cioè nell'ambito della casa e della famiglia, dove la loro influenza era legata esclusivamente alle loro funzioni di mamma, di sposa, di figlia o di sorella degli uomini.

In Senato, Marco Porcio Catone, nella sua qualità di censore preposto alla sorveglianza dei costumi, si oppose alla richiesta. E il suo discorso, tramandatoci da Livio, la dice lunga sulle trasformazioni avvenute in quegli ultimi anni nella vita familiare e sociale dell'Urbe.

«Se ciascuno di noi, signori, avesse mantenuto l'autorità e i diritti del marito nell'interno della propria casa, non saremmo arrivati a questo punto. Ora eccoci

Cato

Im Jahre 195, bald nach dem zweiten Punischen Krieg, zogen die Frauen Roms zum Forum, um vom Parlament die Abschaffung der *lex Oppia* zu fordern, die angesichts der Bedrohung durch Hannibal während der « Regierung der Strenge » erlassen worden war und dem schönen Geschlecht Goldschmuck, farbige Gewänder und die Benutzung von Wagen verbot.

Zum ersten Mal in der Geschichte Roms machten sich die Frauen für eine Sache stark, ergriffen politische Initiative und vertraten damit ihre Rechte. Das war bis dahin noch nicht vorgekommen. Fünfeinhalb Jahrhunderte lang, seit dem Tage der Gründung Roms, war seine Geschichte eine Geschichte der Männer, in der die Frauen als anonyme Masse nur den Chor stellten. Die wenigen, deren Namen man kennt – Tarpeia, Lukretia, Virginia –, haben vielleicht nie existiert und verkörpern keine glaubhaften Personen, sondern Denkmäler des Verrats oder der Tugend. Das öffentliche Leben Roms war ausschließlich Männersache. Frauen zählten nur im Privatleben, das heißt im Haus und im Kreise der Familie, wo ihr Einfluss allein an ihre Funktion als Mutter, Ehefrau, Tochter oder Schwester des Mannes gebunden war.

Im Senat widersetzte sich Marcus Portius Cato, dem in seiner Eigenschaft als Zensor die Überwachung der Sitten zufiel, ihrer Forderung. In einer von Livius überlieferten Rede ließ er sich ausführlich über den in den letzten Jahren stattgefundenen Wandel im familiären und sozialen Leben der Stadt aus.

« Hätte jeder von uns, meine Herren, Autorität und Rechte des Ehemannes innerhalb des eigenen Hauses gewahrt, wäre es nicht so weit gekommen. Das haben wir jetzt davon : die

qui: la prepotenza femminile, dopo aver annullato la nostra libertà d'azione in famiglia, ce la sta distruggendo anche nel Foro. Ricordatevi quanto abbiamo penato a tenere in pugno le nostre donne e a frenarne la licenza, quando le leggi ci consentivano di farlo. E immaginatevi cosa succederà d'ora in poi, se queste leggi saranno revocate e le donne saranno poste, anche legalmente, su un piede di parità con noi. Voi le conoscete, le donne: fatevele vostre uguali, e immediatamente ve le ritroverete sul gobbo come padrone. Vedremo questo, alla fine: gli uomini di tutto il mondo, che in tutto il mondo governano le donne, governati dagli unici uomini che dalle donne si facciano governare: i romani.»

Le dimostranti sommersero in una risata di scherno l'oratore, che del resto c'era abituato come tutti coloro che dicono la verità, la Legge Oppia fu revocata, e Catone inutilmente cercò di rifarsi decuplicando le tasse sugli articoli di lusso. Certe ventate, quando cominciano a soffiare, non c'è barba di censore che possa fermarle. E le suffragette, assunta l'iniziativa, non intendevano più lasciarsela strappar di mano. Piano piano esse ottennero il diritto di amministrare la propria dote, il che le rendeva economicamente indipendenti e libere, come si direbbe oggi, di «vivere la loro vita»; poi quello di divorziare dal marito e ogni tanto, se non riuscivano, di avvelenarlo. E sempre più si abbandonarono a pratiche malthusiane per evitare la «scocciatura» dei figli.

Contrariamente a quel che si crede e a come ce lo hanno dipinto, l'uomo che cercava di contrastare il passo a queste nuove mode, tutte di origine greca, non era affatto un insopportabile moralista dalla

Anmaßungen der Frauen, die unsere Handlungsfreiheit innerhalb der Familie schon zunichte gemacht haben, sind nun im Begriff, sie auch im Forum zu zerstören. Denkt daran, wie viel Mühe es uns schon mit Erlaubnis der Gesetze gekostet hat, unsere Frauen im Griff zu behalten und ihre Zügellosigkeit zu bremsen. Stellt euch nur vor, was geschähe, wenn diese Gesetze aufgehoben und die Frauen auch vor dem Gesetz uns gleichgestellt würden. Ihr kennt doch die Frauen: Kaum macht ihr sie euch gleich, schon habt ihr sie als Herrin im Nacken. Am Ende wird es so sein, dass die Männer der ganzen Welt, die überall auf der Welt die Frauen regieren, von den einzigen Männern regiert werden, die sich von Frauen regieren lassen: den Römern.»

Mit höhnischem Gelächter überschütteten die Demonstrantinnen den Redner, der allerdings wie alle, die die Wahrheit sagen, daran gewöhnt war. Die *lex Oppia* wurde widerrufen. Vergeblich versuchte Cato sich zu rächen, indem er die Steuer auf Luxusartikel um das Zehnfache erhöhte. Doch so mancher Sturm, wenn erst einmal losgebrochen, kann selbst vom besten Sittenrichter der Welt nicht aufgehalten werden. Nachdem die Frauenrechtlerinnen die Initiative ergriffen hatten, wollten sie sich die Sache nun nicht mehr aus der Hand nehmen lassen. Nach und nach erhielten sie das Recht, ihre eigene Mitgift zu verwalten, wodurch sie finanziell unabhängig und frei wurden, wie man heute sagen würde, «ihr eigenes Leben zu leben». Auch durften sie sich von ihrem Mann scheiden lassen, ab und zu, wenn es ihnen nicht gelang, ihn auch vergiften. Immer mehr lebten sie nach malthusschen Grundsätzen, um den «Scherereien» mit den Kindern aus dem Weg zu gehen.

Der Mann, der sich all diesen aus Griechenland stammenden neuen Moden zu widersetzen versuchte, war, ganz anders, als man glaubte und als man ihn uns schilderte, keineswegs unerträglich und ein verbitterter leberkranker Moralist,

bocca acerba e dal fegato in disordine. Tutt'altro. Marco Porcio Catone era un contadino plebeo dei dintorni di Rieti, pieno di salute e di buonumore, che campò fino all'età di ottantacinque anni (un'età, per quei tempi, quasi leggendaria), e morì dopo essersi tolto tutte le soddisfazioni: compresa quella, che gli stava particolarmente a cuore, di farsi molti nemici.

Fu il caso a far di lui un uomo politico di rilievo e forse il personaggio più interessante di quel periodo. Egli viveva in stoica semplicità sul suo poderetto coltivandolo con le proprie mani, quando poco discosto venne ad abitare un vecchio senatore in pensione, Valerio Flacco, ritiratosi laggiù per il disgusto che gli procurava la corruzione di Roma. Era un patrizio all'antica, cioè di quelli che avevano in orrore le raffinatezze, e prese subito in simpatia quel ragazzo dalle mani callose, dalle abitudini rozze, dai capelli rossi e dai denti radi, che leggeva i classici, ma di nascosto, perché se ne vergognava come di un vizio poco meno che turpe, e su di essi aveva imparato a scrivere e a parlare in uno stile schietto e asciutto. Diventarono amici sulla base di comuni abitudini e idee. E Valerio spinse Marco, che si chiamava Porcio perché la sua famiglia aveva sempre allevato porci, e Catone perché tutti i suoi antenati erano stati furbi, a far l'avvocato. Era il mestiere con cui si debuttava nella vita politica. E forse il senatore ve lo lanciò proprio con questo scopo, nella speranza di lasciare un erede nella polemica antimodernista, che l'età a lui non consentiva più di sostenere.

Catone si provò, e vinse, una di seguito all'altra, una dozzina di cause dinanzi al tribunale locale. Poi, con una clientela sicura, aprì uno studio, come si direbbe oggi, a Roma, si presentò alle elezioni, e batté il cosiddetto «corso degli onori» con annibalico piglio. Edile a

ganz im Gegenteil. Marcus Portius Cato war ein Plebejer, ein Bauer aus der Gegend von Rieti, kerngesund und gut gelaunt, der fünfundachtzig Jahre alt wurde (ein für die damalige Zeit fast legendäres Alter) und starb, nachdem er alles erreicht hatte, sogar das, was ihm besonders am Herzen lag: sich viele Feinde zu machen.

Der Zufall wollte es, dass aus ihm ein bedeutender Politiker wurde und vielleicht die interessanteste Persönlichkeit dieser Zeit. Er lebte in stoischer Einfachheit auf seinem kleinen Gut, das er mit seiner eigenen Hände Arbeit bestellte, als sich in seiner Nähe ein alter pensionierter Senator, Valerius Flaccus, niederließ. Abgestoßen von der in Rom herrschenden Korruption, hatte er sich dorthin zurückgezogen. Valerius war ein Patrizier alter Schule, das heißt einer, der zu viel Komfort im Leben verabscheute. Er verspürte sofort Sympathie für den jungen Mann mit den schwieligen Händen, groben Manieren, roten Haaren und weit auseinanderstehenden Zähnen, der, wenn auch heimlich, da er sich dafür wie für ein unanständiges Laster schämte, die Klassiker las, von denen er einen klaren und freien Schreib- und Redestil erlernt hatte. Aufgrund ihrer gemeinsamen Gewohnheiten und Vorstellungen wurden sie Freunde. Valerius drängte Marcus – der Portius hieß, weil seine Familie schon immer Schweine gezüchtet hatte, und Cato, weil seine Vorfahren alle so schlau waren –, Anwalt zu werden, ein Beruf, mit dem man in die Politik eintreten konnte. Vielleicht verfolgte der Senator damit tatsächlich dieses Ziel, in der Hoffnung, inder Polemik gegen die Moderne, die er wegen seines Alters nicht mehr verfechten konnte, einen Erben zu hinterlassen.

Cato versuchte es und gewann vor dem örtlichen Gericht ein Dutzend Prozesse, einen nach dem anderen. Mit einer sicheren Klientel eröffnete er dann, wie man heute sagen würde, eine Kanzlei in Rom, ließ sich zu den Wahlen aufstellen und begann den so genannten «Ehrenlauf» in hanni-

trent'anni nel 199, pretore nel 198, tre anni dopo era console. Poi ricominciò: tribuno nel 191, censore nel 184, praticamente continuò a esercitare magistrature su magistrature fino alla più tarda vecchiaia, distinguendosi soprattutto in tempo di guerra, quando cambiava in militari i suoi galloni civili. L'accampamento gli si confaceva meglio del Foro, perché con più pertinenza poteva farvi appello alla disciplina, ch'egli considerava la condizione dei valori morali. Pare che fosse un generale pignolo. Ma i soldati glielo perdonavano perché marciava a piedi come loro, combatteva con tranquillo coraggio e, al momento del saccheggio, che rientrava nei diritti del vincitore, concedeva ad ognuno una libbra d'argento sul bottino, che poi consegnava interamente al Senato senza trattenerne neanche un'oncia per sé.

Era, questa, una regola che i generali romani avevano quasi sempre osservato, sino alle guerre puniche; ma che da qualche tempo costituiva un'eccezione. Il governo non guardava più tanto per il sottile la parte che il vincitore si era intascata della preda, quando questa era ricca. Quinto Minucio aveva riportato di Spagna trentacinquemila libbre d'argento e trentacinquemila denari, Manlio Vulsone dall'Asia quattromilacinquecento libbre d'oro; quattrocentomila sesterzi, qualcosa come ventidue miliardi di lire, erano stati estorti ad Antioco e a Perseo ... Sotto quella pioggia d'oro, l'onestà dei generali e dei magistrati romani, strettamente legata alla povertà, al risparmio e all'avarizia, era naturale che affogasse. E la battaglia che condusse Catone per impedirlo era destinata al fallimento. Pure, egli la combatté ugualmente.

Nel 187, quando era tribuno, egli chiese a Cornelio Scipione e a suo fratello Lucio, che tornavano vincitori

balscher Manier. Im Jahre 199 wurde er mit erst dreißig Jahren Ädil, 198 Prätor und drei Jahre später Konsul. Und weiter: im Jahre 191 Volkstribun, 184 Zensor. Bis ins höchste Alter besetzte er praktisch ein öffentliches Amt nach dem anderen, wobei er sich vor allem in Kriegszeiten, wenn er die bürgerlichen Tressen mit militärischen tauschte, hervortat. Das Feldlager entsprach ihm mehr als das Forum, weil er dort mit größerem Nachdruck auf Disziplin bestehen konnte, für ihn die Grundlage aller moralischen Werte. Er schien ein pedantischer General gewesen zu sein. Doch die Soldaten verziehen es ihm, weil er wie sie zu Fuß marschierte, mit mutiger Gelassenheit kämpfte und bei der Plünderung, die zu den Rechten der Sieger gehörte, jedem ein Pfund Silber aus der Kriegsbeute zugestand, die er dann vollständig dem Senat übergab, ohne auch nur eine einzige Unze für sich zu behalten.

Es war dies eine Regel, die die römischen Generale bis zu den Punischen Kriegen fast immer eingehalten hatten, die seit einiger Zeit aber nur noch die Ausnahme darstellte. War die Beute sehr groß, achtete die Regierung nicht mehr so genau darauf, welchen Anteil der Sieger daraus für sich einbehielt. Quintus Minucius hatte aus Spanien 35 000 Pfund Silber und 35 000 Denare mitgebracht, Manlius Vulso aus Asien 4500 Pfund Gold und von Antiochos und Perseus waren 400 000 Sesterzen, so etwas wie zweiundzwanzig Milliarden Lire, herausgepresst worden … Unter diesem Goldregen war es nur allzu verständlich, dass die Rechtschaffenheit der Generale und der römischen Beamten, die sich der Armut, der Sparsamkeit und der Knauserei verschrieben hatten, nun baden ging. Catos Kampf dagegen war zum Scheitern verurteilt. Er führte ihn trotzdem fort.

Als Volkstribun im Jahre 187 verlangte er von Cornelius Scipio und seinem Bruder Lucius, die siegreich aus Asien zurückkehrten, dass sie dem Senat über die von Antiochos als

dall'Asia, di rendere conto al Senato delle somme versate come indennità di guerra da Antioco. Era una domanda perfettamente legittima, ma che sorprese Roma perché revocava in dubbio la correttezza del trionfatore di Zama, che in realtà era superiore a ogni sospetto. Non si capisce bene cosa spingesse a quel passo Catone, che non poteva certamente ignorare l'integrità dell'Africano e la sua immensa popolarità. Forse egli volle semplicemente ristabilire il principio, che stava cadendo in disuso, che i generali, quali che fossero il loro nome e i loro meriti, questi rendiconti li dovevano; oppure c'era sotto una violenta antipatia per il *clan* degli Scipioni, estetizzante, ellenizzante e modernizzante?

Forse, l'uno e l'altra. Comunque, la pretesa coalizzò, contro chi l'avanzava, quella oligarchia di dominanti famiglie che, nell'ambito dell'aristocrazia senatoriale, deteneva praticamente il monopolio del potere. Fino a Silla la storia romana si riassume in quella di alcune dinastie, e infatti presenta continuamente gli stessi nomi. Degli ultimi duecento consoli della repubblica, la metà appartenne a dieci sole casate, l'altra metà a sedici. E di esse, quella degli Scipioni era forse la più insigne, da quello ch'era caduto sulla Trebbia, a questo che aveva trionfato a Zama e ch'era il padre adottivo di colui che più tardi distrusse Cartagine.

L'Africano, per quanto ferito nell'orgoglio, si preparava a rispondere. Ma suo fratello Lucio glielo impedì. E, tratti dalla cartella i documenti che comprovavano le avvenute riscossioni e i relativi versamenti, li fece a pezzi dinanzi al Senato. Per questo gesto fu tratto dinanzi all'Assemblea e condannato per frode. Ma il castigo gli fu risparmiato per il veto di un tribuno, un certo Tiberio Sempronio Gracco, che era, tanto per confermare la regola della politica per dinastie, di cui

Kriegsentschädigung geleistete Summe Rechenschaft ablegten. Diese Forderung war durchaus rechtmäßig, überraschte Rom jedoch, da sie die Korrektheit des Siegers von Zama in Frage stellte, der doch über jeglichen Zweifel erhaben war. Es war nicht ganz klar, was Cato, der die Integrität des Africanus und dessen enorme Popularität ja wohl nicht ignorieren konnte, zu diesem Schritt bewogen hatte. Vielleicht wollte er nur das langsam in Vergessenheit geratende Prinzip, wonach die Generale unabhängig von Namen und Verdienst diese Rechenschaft schuldeten, wieder einführen. Oder steckte am Ende eine heftige Abneigung gegenüber dem *Clan* der Scipionen und deren ästhetisierende, hellenisierende und modernisierende Art dahinter?

Vielleicht das eine wie das andere. Jedenfalls verbündete die Forderung diejenigen, gegen die sie gerichtet war, also die ganze Oligarchie der herrschenden aristokratischen Familien, die im Senat praktisch das Monopol der Macht innehatten. Bis zu Sulla lässt sich die römische Geschichte in einige Dynastien zusammenfassen, es wiederholen sich in der Tat immer die gleichen Namen. Von den letzten zweihundert Konsuln der Republik gehörte die eine Hälfte nur zehn Geschlechtern an, die andere Hälfte sechzehn. Das Geschlecht der Scipionen war vielleicht das berühmteste, angefangen bei dem Scipio, der an der Trebbia gefallen war, bis zu dem, der in Zama gesiegt hatte und der Adoptivvater des späteren Zerstörers von Karthago war.

Obwohl er sich in seinem Stolz verletzt fühlte, wollte Scipio Africanus darauf eingehen. Doch sein Bruder Lucius hinderte ihn daran. Er nahm die Papiere über die Eintreibungen und geleisteten Abgaben aus der Tasche und riss sie vor dem Senat in Stücke. Man stellte ihn daraufhin vor die Volksversammlung und verurteilte ihn wegen Betrugs. Die Strafe blieb ihm jedoch erspart – ein Volkstribun, ein gewisser Tiberius Sempronius Gracchus, hatte sein Veto eingelegt. Er war, wie um die oben erwähnte Regel der Politik der Dynastien zu

sopra si parlava, parente dell'imputato, avendo sposato la figlia dell'Africano, Cornelia.

L'eroe di Zama fu convocato in Assemblea per essere sottoposto a giudizio. Egli interruppe il dibattimento invitando i deputati al tempio di Giove per celebrare l'anniversario della sua grande vittoria, che capitava proprio in quel giorno. I deputati lo seguirono, assistettero alle funzioni che vi si celebrarono. Ma, tornati in Parlamento, di nuovo convocarono il generale. Costui rifiutò stavolta di presentarsi e, amareggiato da quell'insistenza, si ritirò nella sua villa di Literno, dove rimase sino alla morte. I suoi persecutori lo lasciarono finalmente in pace. Ma Catone deplorò, giustamente, che per la prima volta nella storia di Roma i meriti combattentistici di un imputato facessero ostacolo alla giustizia, e in questo episodio denunziò il primo trapelare di un individualismo che presto avrebbe corrotto la società col culto dell'eroe e distrutto la democrazia. I fatti dovevano incaricarsi di dargli pienamente ragione.

Qualcuno si domanderà come, avendo contro di sé avversari possenti come le donne e la «mafia» delle famiglie aristocratiche, questo implacabile «piantagrane» sia riuscito tuttavia a restare in sella e a vincere le elezioni ogni volta che si presentava candidato a qualche magistratura. Pochi infatti lo amavano. La sua onestà in quel tempo di corruzione, il suo ascetismo in quell'epoca di mollezze, erano sentiti da tutti come un rimorso. Egli rappresentava ciò che ognuno avrebbe dovuto e forse voluto essere, ma purtroppo non era. E per questo appunto, pur detestandolo, lo rispettavano e gli davano il voto. Per di più era un grande oratore. E la cosa era abbastanza strana, perché aveva debuttato nelle lettere pubblicando un trattato

bestätigen, ein Verwandter des Angeklagten, da er Cornelia, die Tochter des Africanus, geheiratet hatte.

Der Held von Zama wurde vor die Volksversammlung gerufen, um vor Gericht gestellt zu werden. Er unterbrach die Verhandlung und lud die Abgeordneten in den Tempel des Jupiter ein, um den Jahrestag seines großen Sieges zu feiern, der gerade auf diesen Tag fiel. Die Abgeordneten folgten ihm und nahmen an der Zeremonie teil. Doch, ins Parlament zurückgekehrt, luden sie den General von neuem vor. Diesmal allerdings weigerte er sich zu erscheinen. Verbittert über solche Beharrlichkeit zog er sich in sein Landhaus bei Liternum zurück, wo er bis zu seinem Tod blieb. Seine Verfolger ließen ihn endlich in Ruhe. Cato bedauerte jedoch zu Recht, dass zum ersten Mal in der Geschichte Roms die im Krieg erworbenen Verdienste eines Angeklagten zum Hindernis für die Justiz wurden, und beklagte angesichts dieses Vorfalls das erste Durchsickern eines Individualismus, der mit seinem Heldenkult die Gesellschaft bald korrumpiert und die Demokratie zerstört haben würde. Die Fakten gaben ihm völlig Recht.

So mancher wird sich fragen, wie es diesem unerbittlichen «Stänkerer», der mächtige Gruppen wie die Frauen und die «Mafia» der aristokratischen Familien gegen sich hatte, trotzdem gelang, im Sattel zu bleiben und jedes Mal, wenn er für ein Amt kandidierte, gewählt zu werden. In der Tat mochten ihn nur wenige. Seine Rechtschaffenheit in Zeiten der Bestechlichkeit, sein Asketismus in diesem Zeitalter der Verweichlichung machten vielen ein schlechtes Gewissen. Er stand für das, was jeder hätte sein sollen und vielleicht auch sein wollen, aber leider nicht war. Und genau deswegen achtete und wählte man ihn, obwohl man ihn verabscheute. Außerdem war er ein großer Redner. Das war ziemlich erstaunlich, hatte er doch in der Literatur mit einem Traktat gegen die Rhetoren debütiert, in dem er den berühmten Satz von Ver-

contro i retori e anticipando la famosa frase di Verlaine: «Quando vedi l'oratoria, tirale il collo.» Ma appunto a furia d'insegnare agli altri come «non» si doveva parlare, aveva imparato egli stesso a parlare benissimo. Il poco che ci resta dei suoi discorsi basta a farcelo riconoscere più grande di Cicerone, certamente più rotondo, togato e letteralmente perfetto di lui, ma meno diretto, efficace e sincero.

Catone condiva anche le sue più severe requisitorie di umorismo. E quando, per esempio, come censore, fece espellere dal senato Manilio per aver baciato sua moglie in pubblico, e qualcuno gli domandò se lui non lo aveva fatto mai, rispose: «Sì, ma soltanto quando tuona. Per questo il maltempo mi mette sempre di buonumore.» Anche quando gl'intentavano processi, e ci si provarono, a quanto pare, quarantaquattro volte, sotto le più svariate accuse, serbava la sua allegria e rideva nella stessa misura in cui mordeva. Con quel sarcasmo sempre pronto, con quei frizzi popolareschi, con quella faccia butterata di ferite, e quei capelli rossi e quei denti divaricati, non era piacevole trovarselo di fronte in contradditorio. E nessuno sarebbe riuscito a spodestarlo se egli stesso a un certo punto non si fosse stancato di quella inutile battaglia e spontaneamente ritirato a scrivere libri, occupazione che dentro di sé disprezzava.

Lo fece perché voleva opporre qualche testo scritto in latino a quelli che ormai tutti i letterati si erano messi a comporre in greco, la lingua che rischiava di assicurarsi il monopolio della cultura romana. Il *De agricultura* infatti, ch'è l'unico che ci resta di lui, è il primo libro in prosa vero e proprio che sia nato a Roma. Ed è un curioso manuale pratico in cui, assieme a idee vagamente filosofiche, si mescolano consigli sul

laine vorwegnahm: «Wenn du der Redekunst begegnest, dreh' ihr den Hals um!» Vor lauter Eifer, anderen beibringen zu wollen, wie man «nicht» sprechen soll, hat er selber hervorragend zu sprechen gelernt. Aus den wenigen Reden, die uns erhalten sind, können wir bereits erkennen, dass er bedeutender war als Cicero, der gewiss abgerundeter, würdevoller und treffender in der Wortwahl, dafür weniger direkt, nicht so wirkungsvoll und aufrichtig war.

Cato würzte auch seine strengsten Anklagereden mit Humor. Als er als Zensor zum Beispiel Manilius vom Senat ausschließen ließ, weil dieser in der Öffentlichkeit seine Frau geküsst hatte, und jemand ihn fragte, ob er das denn nie getan hätte, antwortete er: «Doch, aber nur wenn es donnerte. Deswegen macht schlechtes Wetter mir immer gute Laune.» Selbst wenn man Prozesse gegen ihn anstrengte, und das wurde wohl vierundvierzig Mal unter den verschiedensten Anklagen versucht, bewahrte er sich stets seine Fröhlichkeit, er konnte in gleichem Maße lachen und bissig sein. Mit diesem allzeit bereiten Sarkasmus, diesem volkstümlichen Spott, diesem pockennarbigen Gesicht, diesen roten Haaren und auseinanderstehenden Zähnen war es alles andere als angenehm, ihn zum Gegner zu haben. Niemandem wäre es wohl gelungen, ihn zu entthronen, wenn er, des fruchtlosen Kampfes überdrüssig, sich schließlich nicht selber ganz plötzlich zurückgezogen hätte, um Bücher zu schreiben, eine Beschäftigung, die er im Innersten verabscheute.

Er tat es, weil er den inzwischen von allen Gelehrten in griechischer Sprache verfassten Texten – der Sprache, die sich die Herrschaft über die römische Kultur zu sichern drohte – Texte in Lateinisch entgegensetzen wollte. *De agricultura* ist in der Tat das Einzige, das uns von ihm geblieben ist; es ist das erste wirklich lateinische Prosawerk, das in Rom geschrieben wurde, ein kurioses praktisches Handbuch, in dem neben vage philosophischen Gedanken Ratschläge über

sistema di curare i reumatismi e la diarrea. Quanto ai criteri sul modo di sfruttare le terre, eccoli qui. «Il migliore», egli dice «è un profittevole allevamento di bestiame. Eppoi? Un allevamento di bestiame moderatamente profittevole. Eppoi? Un allevamento di bestiame neanche moderatamente profittevole. Eppoi? Eppoi... eppoi, l'aratura e la semina.» Catone non voleva tornare neanche all'agricoltura, ma alla pastorizia.

Nessuno ebbe più vivo di lui il presentimento della decadenza di Roma, e nessuno meglio di lui diagnosticò il focolaio d'infezione: la Grecia. Ne aveva studiato la lingua; e, colto e avvertito com'era sotto i suoi rozzi abiti, aveva capito che la cultura ellenica era troppo più alta e raffinata di quella romana per non corromperla. Chiamava Socrate «una zitella pettegola», e approvava i giudici che lo avevano condannato a morte come sabotatore delle leggi e del carattere di Atene. Ma lo odiava appunto in quanto lo ammirava e si rendeva conto che le sue idee avrebbero conquistato anche l'Urbe. «Credimi sulla parola», scriveva al figlio, «se questo popolo riesce a contaminarci con la sua cultura, siamo perduti. Intanto ha cominciato con i suoi medici che, con la scusa di curarci, son venuti qui a distruggere i ‹barbari›. Ti proibisco di aver a che fare con loro.» Lo preferiva morto piuttosto che guarito dalle aspirine e dalle vitamine greche.

Molto probabilmente fu questo terrore a suggerirgli l'insistenza, per cui è rimasto celebre, sul *delenda Carthago*. Più che a impedire una rinascita della città fenicia, egli mirava a distrarre Roma dalle tentazioni di una conquista della Grecia. Voleva che la sua patria guardasse a Occidente, non a Oriente, donde, secondo lui, non le sarebbero venuti che vizi e malanni. E forse rimase molto deluso dalla rapidità con cui Scipione

Heilmethoden für Rheuma und Durchfall zu finden sind. Zu Möglichkeiten der Bodennutzung steht Folgendes: «Das Beste», sagt er, «ist gewinnbringende Viehzucht. Und dann? Eine mäßig gewinnbringende Viehzucht. Und dann? Eine nicht einmal mäßig gewinnbringende Viehzucht. Und dann? Und dann? ... und dann das Pflügen und Säen.» Cato wollte auch nicht zur Landwirtschaft zurückkehren, sondern zur Viehzucht.

Niemand hatte eine lebhaftere Vorahnung vom Verfall Roms, niemand erkannte besser den Infektionsherd, nämlich Griechenland. Er hatte die Sprache dieses Landes studiert, und belesen und scharfsinnig, wie er unter seinen groben Kleidern war, hatte er begriffen, dass die hellenische Kultur der römischen zu sehr überlegen war, um sie nicht zu zersetzen. Er nannte Sokrates eine «geschwätzige alte Jungfer» und lobte die Richter, die ihn als Saboteur der Gesetze und des Wesens von Athen zum Tode verurteilt hatten. Er hasste ihn aber, gerade weil er ihn bewunderte und sich darüber im Klaren war, dass seine Gedanken auch Rom erobern würden. «Glaub' mir auf's Wort», schrieb er seinem Sohn, «wenn es diesem Volk gelingt, uns mit seiner Kultur zu verseuchen, sind wir verloren. Damit angefangen haben sie schon mit ihren Ärzten, die unter dem Vorwand, uns zu heilen, hierherkamen, um die ‹Barbaren› zu vernichten. Ich verbiete dir, mit ihnen etwas zu tun zu haben.» Lieber sah er ihn tot, als von griechischem Aspirin und griechischen Vitaminen geheilt.

Wahrscheinlich war es diese Heidenangst davor, die ihn so auf seinem *[Ceterum censeo] Carthaginem esse delendam* beharren ließ, für das er immer noch berühmt ist. Sein Ziel war nicht so sehr, die Wiederauferstehung der phönizischen Stadt zu verhindern, als vielmehr, Rom von der Versuchung abzuhalten, Griechenland zu erobern. Er wollte, dass sein Vaterland nach Westen schaute und nicht nach Osten, von wo seiner Meinung nach nur Laster und Unheil gekommen seien.

venne a capo dell'impresa. Avrebbe preferito una guerra difensiva contro dieci Annibali a una offensiva contro l'Ellade. E quando vide i consoli Marcello, Fulvio ed Emilio Paolo tornare di laggiù con carri carichi di statue, dipinti, coppe di metallo, specchi, mobili di pregio e stoffe ricamate, e il popolo fare ressa di fronte a quelle meraviglie e discutere di moda, di stile, di cappellini, di sandali, d'argenteria e di cosmetici, dovette mettersi le mani nei capelli.

Morì nel 149, quando il Senato aveva già deciso di mandare l'ultimo Scipione *ad delendam Carthaginem*. Forse quel gesto gli ridiede un soffio di speranza; o per lo meno ci piace pensarlo. Avesse vissuto ancora un poco, si sarebbe accorto che la distruzione di Cartagine non era servita proprio a nulla. Anzi, una volta scomparsa quella città dalla faccia dell'Africa e del Mediterraneo, i romani non ebbero più occhi e orecchi e pensiero che per Fidia, Prassitele, Aristotele, Platone, la cucina, i belletti e le «etère» di Atene.

Vielleicht war er auch ausgesprochen enttäuscht darüber, wie schnell Scipio Herr der Lage wurde. Lieber hätte er einen Verteidigungskrieg gegen zehn Hannibale geführt als einen Angriffskrieg gegen Hellas. Und als er die Konsuln Marcellus, Fulvius und Aemilius Paolus von dort unten zurückkehren sah, die Wagen beladen mit Statuen, Gemälden, Metallschalen, Spiegeln, wertvollen Möbeln und bestickten Stoffen, und das Volk sich vor diesen wunderbaren Dingen drängte und über Mode, Stile, Hütchen, Sandalen, Silber und Kosmetik diskutierte, muss er sich die Haare gerauft haben.

Er starb im Jahre 149, als der Senat bereits beschlossen hatte, den letzten Scipio *ad delendam Carthaginem* zu schicken. Vielleicht gab diese Geste ihm wieder einen Hauch von Hoffnung – zumindest würden wir gerne daran glauben. Wäre er noch ein wenig länger am Leben geblieben, dann hätte er gesehen, dass die Zerstörung Karthagos nichts gebracht hatte. Im Gegenteil, kaum war diese Stadt von der Bühne Afrikas und des Mittelmeers verschwunden, hatten die Römer nur noch Augen, Ohren und Gedanken für Phidias, Praxiteles, Aristoteles und Platon, für die Küche, die Schönheitsmittel und die «Hetären» Athens.

Cesare

Caio Giulio Cesare veniva da una famiglia aristocratica povera. La loro casa sorgeva nella Suburra, il quartiere popolare e malfamato di Roma, e qui egli nacque chi dice nel 100, chi nel 102 avanti Cristo.

Non sappiamo nulla della sua infanzia, se non ch'ebbe come precettore un gallo, Antonio Gnifone, il quale, oltre al latino e al greco, gl'insegnò qualcosa di molto utile sul carattere dei suoi compatrioti. Pare che nella pubertà fosse afflitto da mali di testa e attacchi di epilessia, e che la sua ambizione fosse allora quella di diventare uno scrittore. Fu calvo molto presto e, vergognandosene, cercò di rimediarvi coi «riporti», tirandosi i capelli dalla nuca alla fronte. Perdeva molto tempo ogni mattina in questa complicata operazione.

Svetonio dice ch'era alto, piuttosto grassottello, di pelle chiara, d'occhi neri e vivi. Plutarco dice ch'era magro e di mezza taglia. Forse hanno ragione ambedue. L'uno lo descrive da giovane, l'altro da uomo maturo, quando di solito ci si appesantisce un po'. I lunghi periodi di vita militare dovettero irrobustirlo. Fu sin da ragazzo un eccellente cavaliere, e usava galoppare con le mani dietro la schiena. Ma camminava molto anche a piedi alla testa dei suoi soldati, dormiva nei carri, mangiava sobriamente, il suo sangue si serbava sempre freddo e il suo cervello lucido. Di viso non era bello. Sotto quel cranio pelato e un po' massiccio, c'erano un mento quadrato e una bocca arcuata e amara, incorniciata da due rughe dritte e profonde, e col labbro di sotto che sporgeva su quello di sopra. Tuttavia fu sempre fortunato con le donne.

Caesar

Gaius Julius Caesar kam aus einer armen aristokratischen Familie. Ihr Haus befand sich in der Subura, dem verrufenen Plebejerviertel Roms, wo Caesar im Jahre 100 oder wie andere sagen 102 v. Chr. geboren wurde.

Über seine Kindheit wissen wir nur, dass er einen Gallier als Erzieher hatte, Antonius Gnipho, der ihm außer Latein und Griechisch sehr Nützliches über den Charakter seiner Landsleute beibrachte. In der Pubertät litt Caesar angeblich unter Kopfschmerzen und epileptischen Anfällen, außerdem soll er damals Ambitionen zum Schriftsteller gehabt haben. Er war schon sehr früh kahl, und weil er sich dessen schämte, versuchte er es zu verbergen und kämmte sich die Haare vom Nacken nach vorne bis zur Stirn. Diese umständliche Prozedur kostete ihn jeden Morgen sehr viel Zeit.

Laut Sueton war er groß und dicklich, hatte helle Haut und schwarze lebhafte Augen. Plutarch behauptete, er sei mager und mittelgroß gewesen. Vielleicht haben ja beide Recht. Der eine beschreibt ihn als jungen Mann, der andere in reiferem Alter, in dem man gewöhnlich etwas schwerer wird. Die langen Jahre beim Militär mussten ihn schließlich robuster gemacht haben. Von Kindheit an war er ein ausgezeichneter Reiter, pflegte mit den Händen auf dem Rücken zu galoppieren. Er marschierte aber auch häufig an der Spitze seiner Soldaten, schlief in den Wagen, begnügte sich mit einfacher Kost und bewahrte immer einen kühlen Kopf und klaren Verstand. Schön war er nicht: ein eckiges Kinn unter dem kahlen und etwas massigen Schädel, ein nach unten gebogener, bitter wirkender, von zwei geraden tiefen Falten umrahmter Mund mit vorstehender Unterlippe. Trotzdem hatte er immer Glück bei den Frauen.

Ne sposò quattro e ne ebbe infinite altre come amanti. I suoi soldati lo chiamavano *moechus calvus*, «l'adultero calvo» e, quando sfilavano per le vie di Roma in occasione di un trionfo, gridavano: «Ehi, uomini, chiudete in casa le vostre mogli: è tornato il seduttore zuccapelata!». E Cesare era il primo a riderne.

Contrariamente a una certa leggenda che lo riveste di una seriosa e sussiegosa solennità, Cesare era un perfetto uomo di mondo, galante, elegante, spregiudicato, ricco di umorismo, capace di incassare i frizzi altrui e di risponderyi con mordente sarcasmo. Era indulgente coi vizi degli altri, perché aveva bisogno che gli altri lo fossero coi suoi. Curione lo chiamava «il marito di tutte le mogli e la moglie di tutti i mariti». E una delle ragioni per cui gli aristocratici l'odiarono tanto era ch'egli seduceva regolarmente le loro spose, le quali a dire il vero facevano a gara per essere sedotte. Fra esse c'era anche Servilia, sorellastra di Catone, che anche per questo gli fu irriducibilmente ostile. Servilia gli era così devota che gli sacrificò anche la figlia Terzia, cui lasciò il suo posto quando gli anni l'obbligarono a ritirarsi. Cesare ricompensò la generosa madre facendole attribuire i beni di certi senatori proscritti ad un prezzo ch'era un terzo del loro valore. E Cicerone ci ricamò sopra un giuoco di parole, dicendo che quella svendita era stata fatta *Tertia deducta*. Lo stesso Pompeo, per quanto più bello, ricco e, in quel momento, famoso di Cesare, si vide portar via la moglie da lui e la ripudiò. Cesare se ne fece perdonare, dandogli in sposa la figlia sua.

Questo straordinario personaggio intorno a cui, d'ora in poi, tutta la storia di Roma e del mondo co-

Vier davon heiratete er, unendlich viele andere hatte er als Geliebte. Seine Soldaten nannten ihn *moechus calvus*, «den glatzköpfigen Ehebrecher», und schrien, wenn sie anlässlich eines Sieges durch die Straßen Roms marschierten: «He, Männer, sperrt eure Frauen ein, der glatzköpfige Verführer ist wieder da!» Caesar war der Erste, der darüber lachte.

Im Gegensatz zu der Legende, die ihm eine ernste und gravitätische Würde andichtete, war Caesar der vollkommene Mann von Welt, galant, elegant, skrupellos, humorvoll, einer, der die Sticheleien anderer einstecken konnte und mit beißendem Sarkasmus antwortete. Er war nachsichtig gegenüber den Lastern der anderen, weil diese es gegenüber den seinen auch sein mussten. Curius nannte ihn «den Ehemann aller Ehefrauen und die Ehefrau aller Ehemänner». Einer der Gründe, warum die Adeligen ihn so sehr hassten, war die Tatsache, dass er regelmäßig ihre Frauen verführte, die aber, ehrlich gesagt, geradezu wetteiferten, um von ihm verführt zu werden. Auch Servilia, die Stiefschwester Catos, war darunter, der deswegen auch sein erbittertster Feind wurde. Servilia war Caesar so ergeben, dass sie ihm sogar ihre Tochter Tertia opferte und das Feld für sie räumte, als die Jahre sie zwangen, sich zurückzuziehen. Caesar entlohnte die großzügige Mutter und verschaffte ihr die Güter gewisser geächteter Senatoren, und zwar zum Drittel des Wertes. Cicero machte daraus ein Wortspiel und sagte, diese Verschleuderungen seien *Tertia deducta* gemacht worden. Selbst Pompeius – schöner, reicher und zu jener Zeit berühmter als Caesar – musste mit ansehen, wie dieser ihm seine Frau abspenstig machte, worauf er sie verstieß. Damit ihm jedoch verziehen werde, gab Caesar Pompeius die eigene Tochter zur Frau.

Diese außergewöhnliche Persönlichkeit, um die sich von da an die ganze Geschichte Roms und der Welt zu drehen be-

mincia a ruotare, era dunque, quanto a moralità, figlio dei suoi tempi. E infatti debuttò in un modo che non lasciava presagire nulla di buono. Finiti gli studi sui sedici anni, partì al seguito di Marco Termo che andava in Asia a farvi una delle tante guerre. Ma, invece che un bravo soldato, diventò un favorito di Nicomede, re di Bitinia, che aveva un debole per i bei ragazzi. Tornato a Roma diciottenne, sposò Cossuzia, perché così voleva suo padre. Ma quando costui morì, la ripudiò e rimpiazzò con Cornelia, figlia di quel Cinna che aveva a suo tempo preso la successione di suo zio Mario. E così venne a rinsaldare i vincoli che già lo legavano al partito democratico.

Silla, quando instaurò la dittatura, gli ordinò di divorziare. Cesare, sebbene abituato a cambiar moglie come si cambia vestito, spavaldamente rifiutò. Venne condannato a morte e la dote di Cornelia fu confiscata. Poi comuni amici si interposero, e Silla lo lasciò andare in esilio. Cesare ripagò quel gesto di clemenza definendolo «una fesseria». Però s'ingannava. Silla aveva capito benissimo la «fesseria» che stava facendo: ma forse aveva per lui una segreta simpatia.

Quando il dittatore si fu ritirato, Cesare tornò a Roma. Ma, trovandola ancora in balìa dei reazionari, che lo detestavano come nipote di Mario e genero di Cinna, ripartì per la Cilicia. Una barca di pirati lo catturò in mare e chiese per il suo riscatto venti talenti, qualcosa come quattrocentoquaranta milioni di lire. Cesare rispose insolentemente ch'era un prezzo troppo basso per il suo valore e che preferiva dargliene cinquanta. Mandò i suoi servi a procurarli e ingannò l'attesa scrivendo versi e leggendoli ai suoi rapitori che non li gusta-

ginnt, war also, was die Moral betrifft, ein Kind seiner Zeit. In der Tat betrat Caesar die Bühne auf eine Weise, die nichts Gutes ahnen ließ. Nachdem er mit sechzehn Jahren seine Studien beendet hatte, zog er im Gefolge von Marcus Thermus nach Asien, wo dieser einen der zahlreichen Kriege führte. Anstatt aber ein guter Soldat zu werden, wurde er Liebling von Nikomedes, dem König von Bithynien, der eine Schwäche für hübsche Knaben hatte. Mit achtzehn nach Rom zurückgekehrt, heiratete er Cossutia, denn so wollte es sein Vater. Als dieser starb, verstieß er sie jedoch und ersetzte sie durch Cornelia, die Tochter jenes Cinna, der seinerzeit die Nachfolge seines Onkels Marius angetreten hatte. So festigte er seine bereits bestehenden Bande zur demokratischen Partei.

Als Sulla die Diktatur einführte, befahl er ihm, sich scheiden zu lassen. Doch Caesar, der die Ehefrauen wechselte wie sein Hemd, verweigerte es dreist. Er wurde zum Tode verurteilt, die Mitgift Cornelias beschlagnahmt. Gemeinsame Freunde traten daraufhin für ihn ein, und Sulla ließ ihn ins Exil gehen. Caesar dankte ihm diesen Akt der Gnade, indem er ihn als «Dummheit» bezeichnete. Doch er täuschte sich. Sulla war sich sehr wohl dieser «Dummheit», die er begehen sollte, bewusst; vielleicht hegte er eine heimliche Sympathie für ihn.

Nachdem der Diktator sich zurückgezogen hatte, kehrte Caesar nach Rom zurück. Da sich die Stadt jedoch immer noch in der Gewalt der Aufständischen befand, die ihn als Neffen des Marius und Schwiegersohn Cinnas hassten, begab er sich nach Sizilien. Auf offenem Meer wurde er von Piraten gefangen genommen. Sie forderten als Lösegeld zwanzig Talente, etwa vierhundertvierzig Millionen Lire. Caesar entgegnete angriffslustig, dass dieser Preis zu niedrig sei und seinem Wert nicht entspreche, und er ihnen lieber fünfzig geben wolle. Er schickte seine Diener nach dem Geld und vertrieb sich die Zeit damit, Verse zu schreiben und sie dann

rono punto. Cesare li chiamò «barbari» e «cretini», e promise loro d'impiccarli alla prossima occasione. Tenne la parola, perché, appena liberato, corse a Mileto, noleggiò una flottiglia, inseguì e catturò quei filibustieri, riprese i suoi quattrini, cioè quelli dei suoi creditori (cui non li restituì) e, manifestazione di clemenza, prima d'impiccarli, tagliò loro la gola.

Fu lui stesso a raccontare quest'avventura in alcune lettere agli amici, e non giureremmo sulla sua autenticità. Cesare non era ancora, in quel momento, il sobrio e spassionato scrittore del *De bello gallico*, che, avendo vinto realmente molte battaglie, non aveva più bisogno di romanzarle. Era un ragazzaccio chiacchierone, arrogante e dissipato che quando, rientrato a Roma nel 68, si presentò candidato al posto di questore, era già carico di debiti. Li aveva contratti con Crasso dopo aver sedotto anche a lui la moglie Tertulla. Con quei soldi comprò i voti, fu eletto, ebbe un governatorato e un comando militare in Spagna, combatté i ribelli, e tornò a Roma con la fama di bravo soldato e di accorto amministratore.

Nel 65 si ripresentò alle elezioni, fu eletto edile e ringraziò i suoi sostenitori finanziando spettacoli mai visti. Ma fece anche un'altra cosa: fece ritrasferire in Campidoglio i trofei di vittoria di Mario, che Silla aveva epurato. Tre anni dopo fu nominato propretore in Spagna. I suoi creditori si riunirono e chiesero al governo che non lo lasciasse partire prima di aver pagato. Egli stesso riconobbe di dover loro venticinque milioni di sesterzi. E Crasso, come al solito, glieli prestò. Cesare tornò fra gl'iberici, li sottomise quasi completamente, e riportò a Roma

seinen Entführern vorzutragen; diese wussten sie jedoch überhaupt nicht zu schätzen. Caesar nannte sie «Barbaren» und «Dummköpfe» und versprach ihnen, sie bei nächster Gelegenheit aufzuhängen. Er hielt Wort. Kaum befreit, eilte er nach Milet, mietete eine Flottille, verfolgte die Gauner, nahm sie gefangen, holte sich seine Kohle zurück – das heißt, eigentlich das Geld seiner Gläubiger (die es allerdings nie mehr wiedersahen) – und schnitt den Schurken als Akt der Gnade die Kehle durch, bevor er sie erhängte.

Er selbst berichtete in etlichen Briefen an Freunde über dieses Abenteuer, dessen Echtheit wir deswegen nicht beschwören wollen. Caesar war damals noch nicht der nüchterne und sachliche Verfasser von *De bello gallico*, der es nach seinen vielen siegreichen Schlachten nicht mehr nötig hatte, sie auszuschmücken. Als geschwätziger, überheblicher und liederlicher junger Mann kehrte er im Jahre 68 nach Rom zurück, um für das Amt des Quästors zu kandidieren. Er hatte bereits hohe Schulden gemacht, und zwar bei Crassus, dessen Frau Tertulla er bereits verführt hatte. Mit dem Geld kaufte er Stimmen, wurde gewählt, erhielt einen Posten als Statthalter sowie ein militärisches Kommando in Spanien, bekämpfte die Aufrührer und kehrte mit dem Ruhm des tapferen Soldaten und geschickten Verwalters nach Rom zurück.

Im Jahr 65 stellte er sich wieder zur Wahl, wurde zum Ädilen gewählt und dankte seinen Anhängern, indem er ihnen die besten Spiele bot, die es je gab. Er tat jedoch noch etwas ganz anderes: Er ließ die Siegestrophäen von Marius wieder ins Kapitol zurückbringen, aus dem Sulla sie entfernt hatte. Drei Jahre später wurde er zum Proprätor in Spanien ernannt. Seine Gläubiger jedoch taten sich zusammen und forderten die Regierung auf, ihn nicht fortzulassen, bevor er nicht seine Schulden bezahlt hätte. Er gab zu, ihnen fünfundzwanzig Millionen Sesterzen zu schulden. Crassus lieh sie ihm wie üblich. Caesar kehrte zu den Iberern zurück, unterwarf sie

un tale bottino che il Senato gli accordò il trionfo. O forse lo fece soltanto per impedirgli di concorrere al consolato, visto che la candidatura non poteva essere presentata in propria assenza, e al trionfatore la legge impediva di tornare a Roma prima della cerimonia. Ma Cesare ci venne ugualmente, lasciando l'esercito fuor delle porte di città. E proprio durante questa campagna elettorale cominciò la sua grande azione politica.

I conservatori detestavano Cesare che aveva difeso Catilina, ricollocato i trofei di Mario in Campidoglio e ora si presentava come capo dei popolari. E potevano benissimo impedirgli il successo opponendogli un uomo del prestigio di Pompeo, che invece delusero, perché erano gelosi delle sue vittorie e delle sue ricchezze. Queste erano tali che gli consentivano di tenere un esercito suo proprio: quello con cui sbarcò a Brindisi di ritorno dall'Oriente e che poteva eleggerlo dittatore con la forza. Generosamente, Pompeo lo congedò, e fu solo con un piccolo seguito di ufficiali che entrò a Roma e vi celebrò il trionfo. Coraggioso in battaglia, Pompeo era timidissimo in fatto di responsabilità politiche e non voleva mai fare nulla contro la legalità e il «regolamento». Il Senato lo sapeva, ne approfittò per trattarlo con freddezza e si rifiutò di distribuire ai suoi soldati le terre ch'egli aveva loro promesso. Cesare ci vide una buona occasione per attirarlo dalla parte sua e di Crasso.

Questo capolavoro di diplomazia si saldò con un accordo tripartito: il primo triumvirato. Pompeo e Crasso mettevano la loro influenza, ch'era grande, e le loro ricchezze, ch'erano immense, al servizio di Cesare per farlo eleggere console. Questi, assunto

so gut wie vollständig und kehrte mit so üppiger Kriegsbeute nach Rom zurück, dass der Senat ihm den Triumph zubilligte. Vielleicht tat er es aber auch nur, um ihn an der Kandidatur zum Konsul zu hindern, denn dazu musste man persönlich anwesend sein, und das Gesetz verbot dem Sieger, vor dem Triumph nach Rom zurückzukehren. Caesar kam trotzdem; das Heer ließ er vor den Toren der Stadt. Und genau diese Wahlkämpfe sollten der Beginn seines großen politischen Wirkens werden.

Die Konservativen hassten Caesar, der Catilina verteidigt und die Trophäen des Marius ins Kapitol zurückgestellt hatte und jetzt als Führer der Volkspartei auftrat. Es wäre ihnen ein Leichtes gewesen, seinen Erfolg zu verhindern, hätten sie ihm einen angesehenen Mann wie Pompeius gegenübergestellt. Doch den hatten sie durch ihren Neid auf seine Siege und seinen Reichtum enttäuscht. Pompeius war so reich, dass er sich ein eigenes Heer halten konnte, nämlich jenes, mit dem er nach seiner Rückkehr aus dem Orient in Brundisium an Land gegangen war, und das seine Wahl zum Diktator mit Gewalt hätte erzwingen können. Großmütig hatte er es aber entlassen. Nur mit einer kleinen Gefolgschaft von Offizieren betrat er die Stadt, um seinen Triumph zu feiern. So mutig Pompeius in der Schlacht auch war, so schüchtern war er, wenn es um politische Verantwortung ging. Er war immer darauf bedacht, sich innerhalb der Legalität zu bewegen und die « Vorschriften » zu beachten. Der Senat wusste das und nutzte es, indem er ihn kühl behandelte und den Soldaten das von Pompeius versprochene Land verweigerte. Caesar sah darin eine günstige Gelegenheit, ihn auf seine und Crassus' Seite zu ziehen.

Besiegelt wurde das diplomatische Meisterwerk durch ein Dreiparteienabkommen: das erste Triumvirat. Pompeius und Crassus stellten Caesar ihren großen Einfluss und ihren unendlichen Reichtum zur Verfügung, um ihn zum Konsul zu machen. Dieser würde, sobald er die Macht erlangt hatte, an

il potere, avrebbe distribuito le terre ai soldati di Pompeo e concesso a Crasso gli appalti cui questi aspirava.

Così fu rotta la famosa «concordia degli ordini» auspicata da Cicerone, cioè l'alleanza fra l'aristocrazia e l'alta borghesia. Quest'ultima, che vedeva in Crasso e Pompeo i suoi legittimi rappresentanti, fece lega invece coi popolari di Cesare. E l'aristocrazia, stupidamente e arrogantemente convinta di non aver bisogno di aiuti e di non dover dividere i suoi privilegi con nessuno, rimase isolata. Essa presentò come suo candidato un personaggio insignificante, Bibulo, che fu eletto. Ma non poté impedire che fosse eletto anche Cesare, figura di ben altro rilievo.

Cesare mantenne gl'impegni che aveva assunto con gli alleati. Propose subito la distribuzione delle terre e la ratifica delle misure adottate da Pompeo in Oriente. Il Senato si oppose. E allora Cesare portò i disegni di legge davanti all'Assemblea. Era quello che avevano fatto anche i Gracchi, i quali ci avevano rimesso la pelle. Ma i tempi erano cambiati. Bibulo oppose il veto dicendo che gli dèi, interrogati, si erano dimostrati contrari. L'Assemblea gli rise in faccia e un popolare gli rovesciò un vaso da notte in testa. I progetti furono approvati a grande maggioranza. Pompeo diventò il genero di Cesare, sposandone la figlia Giulia, borghesi e proletari si strinsero in un grande abbraccio, e per mesi e mesi si divertirono a spese dei triumviri, che offrirono magnifici spettacoli nel Circo.

In quest'atmosfera di favore popolare fu facile a Cesare attuare le sue riforme economiche e sociali, ch'erano poi quelle dei Gracchi. Il Senato le contrastò tutte mandando regolarmente Bibulo in Assemblea a dire che gli dèi le disapprovavano. L'As-

Pompeius' Soldaten das versprochene Land verteilen und Crassus die gewünschten Aufträge verschaffen.

So zerbrach die von Cicero befürwortete berühmte *concordia ordinum*, das heißt die Allianz zwischen Aristokratie und reichem Bürgertum. Letzteres sah in Crassus und Pompeius ihre rechtmäßigen Vertreter und verbündete sich nun mit Caesars Volkspartei. Die Aristokratie hingegen, die töricht und überheblich meinte, auf niemandes Hilfe angewiesen zu sein und ihre Privilegien mit keinem teilen zu müssen, blieb isoliert. Sie stellte einen unbedeutenden Kandidaten auf, Bibulus, der auch gewählt wurde, sie konnte aber die Wahl auch Caesars nicht verhindern, einer Persönlichkeit ganz anderen Kalibers.

Caesar hielt sich an die mit den Verbündeten eingegangenen Abmachungen. Er schlug sogleich die Verteilung der Ländereien und die Genehmigung der von Pompeius im Orient gefassten Maßnahmen vor. Der Senat widersetzte sich. Da legte Caesar die Gesetzesentwürfe der Volksversammlung vor. Das hatten schon die Gracchen versucht und dabei ihr Leben gelassen. Die Zeiten hatten sich jedoch geändert. Bibulus lehnte sich zwar auf und meinte, die von ihm befragten Götter hätten sich ablehnend gezeigt. Doch die Volksversammlung lachte ihn aus, ein Plebejer kippte sogar einen Nachttopf über seinem Kopf aus. Den Entwürfen wurde mit großer Mehrheit zugestimmt. Pompeius heiratete Caesars Tochter Julia und wurde dessen Schwiegersohn, Bürger und Plebejer fielen sich in die Arme und vergnügten sich auf Kosten des Triumvirats monatelang bei den prachtvollen Zirkusspielen.

Dank dieser günstigen Stimmung im Volk war es für Caesar ein Leichtes, seine wirtschaftlichen und sozialen Reformen durchzusetzen, die letztlich die gleichen wie die der Gracchen waren. Der Senat widersetzte sich allen und schickte regelmäßig Bibulus in die Volksversammlung, um

semblea si infischiava degli dèi e rideva di Bibulo che alla fine si chiuse in casa e non ne uscì più. Poiché l'uso era di battezzare l'anno col nome dei due consoli, i romani chiamarono il cinquantanovesimo «quello di Giulio e Cesare».

Questi lo concluse facendo eleggere come suoi successori per il 58 Gabinio e Pisone, del quale sposò la figlia Calpurnia dopo regolare divorzio dalla sua terza moglie Pompea, che stava per essere processata per oltraggio al pudore e alla religione: l'accusavano di aver introdotto il suo amante Clodio, travestito da donna, nel recinto sacro alla dea Bona, di cui Pompea era sacerdotessa. Il fatto era vero. Clodio, giovane aristocratico bello, ambizioso e senza scrupoli, frequentava la casa di Cesare, ne ammirava la politica e ancor di più la moglie. Non si sa tuttavia se costei fosse sua complice, quando lo colsero in quell'empio tentativo. Cesare, chiamato a deporre, proclamò l'innocenza di Pompea. Quando il giudice gli chiese come mai in tal caso aveva divorziato da lei, rispose: «Perché la moglie di Cesare non può essere macchiata neanche da un sospetto.» E testimoniò anche in favore di Clodio dicendo che non lo riteneva capace di un simile gesto, sebbene risultasse ch'egli ne aveva compiuti anche di peggiori: quello per esempio di sedurre la sua propria sorella, la famosa Clodia, moglie di Quinto Cecilio Metello, colei che Catullo chiamava Lesbia e che Cicerone perseguitava con la sua linguaccia. Rancoroso e impiccione com'era, il grande avvocato venne a testimoniare anche contro il fratello. Ma Cesare mise in moto Crasso, che comprò i giudici. E Clodio fu assolto.

Perché Cesare tenesse tanto a salvare quello scape-

ihn verkünden zu lassen, dass die Götter sie missbilligten. Die Versammlung pfiff auf die Götter und lachte Bibulus aus, der sich am Ende in sein Haus einschloss und nicht mehr herauskam. Da es aber Brauch war, dem Jahr die Namen beider Konsuln zu geben, nannten die Römer das neunundfünfzigste «das Jahr von Julius und Caesar».

Am Ende dieses Jahres ließ Caesar Gabinius und Piso als Nachfolger für das Jahr 58 wählen. Er heiratete Pisos Tochter Calpurnia nach ordnungsgemäßer Scheidung von seiner dritten Frau Pompeia, die gerade wegen des Verstoßes gegen die guten Sitten und die Religion angeklagt worden war. Man bezichtigte sie, ihren als Frau verkleideten Liebhaber Clodius in die heiligen Stätten der Göttin Bona Dea, deren Priesterin Pompeia war, eingeschmuggelt zu haben. Es entsprach den Tatsachen. Clodius, ein junger Aristokrat, schön, ehrgeizig und skrupellos, verkehrte im Hause Caesars; er bewunderte seine Politik, doch noch mehr bewunderte er seine Frau. Es ist allerdings nicht bekannt, ob sie seine Komplizin war, als man ihn bei diesem frevelhaften Wagnis erwischte. Caesar, der zur Aussage vorgeladen wurde, erklärte Pompeia für unschuldig. Als der Richter ihn fragte, warum er sich dann von ihr habe scheiden lassen, antwortete er: «Weil die Frau Caesars nicht von dem geringsten Verdacht befleckt sein darf.» Er sagte auch zugunsten des Clodius aus, den er zu einer solchen Tat nicht für fähig hielt, obwohl bekannt war, dass dieser schon Schlimmeres begangen hatte. Zum Beispiel hatte er Clodia, seine eigene Schwester, die berühmte Frau des Quintus Caecilius Metellus verführt, jene, die Catull Lesbia nannte und die Cicero mit seiner bösen Zunge verfolgte, denn rachsüchtig und intrigant, wie der große Advokat nun mal war, sagte er selbst gegen den Bruder aus. Caesar jedoch rief Crassus auf den Plan, der die Richter kaufte. Clodius wurde freigesprochen.

Weshalb Caesar so viel Wert darauf legte, diesen Wind-

strato che, come oggi si direbbe, gli aveva disonorato la moglie, lo si vide subito dopo, quando Clodio si portò candidato per il tribunato della plebe e Cesare lo sostenne. Evidentemente, dopo aver installato il suocero e un amico intimo nella carica di consoli, voleva un debitore alla testa del proletariato. Cesare s'infischiava dell'onore coniugale. Clodio, con tutta quella faccenda, gli aveva dato il pretesto di liberarsi di una sposa che non gli serviva più a nulla e di rimpiazzarla con un'altra che gli serviva molto con la sua parentela. Al momento di lasciare la carica, egli si era autonominato proconsole per cinque anni della Gallia Cisalpina e Narbonese. Poiché la legge proibiva di far stazionare truppe dall'Appennino in giù, chi aveva il comando di quelle dall'Appennino in su era praticamente il padrone della penisola. E Cesare ormai voleva essere questo padrone.

Sapeva benissimo che il Senato avrebbe fatto il possibile per impedirglielo. Ma Cesare aveva dimostrato che si poteva governare anche senza di esso, facendo approvare direttamente le leggi dall'Assemblea. Negli ultimi tempi si era spinto anche più in là: aveva imposto che tutte le discussioni che si svolgevano in quel solenne e aristocratico consesso venissero registrate e pubblicate giorno per giorno. Così nacque il primo giornale. Si chiamò *Acta diurna,* e fu gratuito, perché, invece di venderlo, lo affiggevano ai muri in modo che tutti i cittadini potessero leggerlo e controllare ciò che facevano e dicevano i loro governanti. L'invenzione fu d'immensa portata perché sancì il più democratico di tutti i diritti. Il Senato, che traeva prestigio anche dalla sua segretezza, fu così sottoposto alla pubblica opinione, e non si riebbe mai più da questo colpo.

hund, wie man heute sagen würde, der seine Frau entehrt hatte, zu retten, zeigte sich kurz darauf, als Clodius sich als Kandidat zum Volkstribun aufstellen ließ und Caesar ihn unterstützte. Nachdem Letzterer seinen Schwiegervater und einen engen Freund in das Amt der Konsuln eingesetzt hatte, wollte er nun offensichtlich an der Spitze der Plebejer jemanden haben, der ihm verpflichtet war. Caesar pfiff auf die eheliche Ehre. Clodius hatte ihm mit der ganzen Angelegenheit den Vorwand geliefert, sich einer Gattin zu entledigen, die ihm nichts mehr nützte, und sie durch eine andere zu ersetzen, die ihm mit ihrer Verwandtschaft von großem Nutzen war. Für den Zeitpunkt, an dem er sein Amt niederlegen würde, hatte er sich im Voraus für fünf Jahre zum Prokonsul von *Gallia Cisalpina* und *Gallia Narbonensis* selbst ernannt. Da das Gesetz die Stationierung von Truppen diesseits des Apennin verbot, war derjenige, der das Kommando über sie jenseits des Apennin hatte, sozusagen Herr der Halbinsel. Und dieser Herr wollte Caesar jetzt sein.

Er wusste sehr wohl, dass der Senat alles Mögliche tun würde, dies zu verhindern. Aber Caesar hatte bewiesen, dass man auch ohne den Senat regieren konnte, indem man die Gesetze direkt von der Volksversammlung billigen ließ. Am Ende hatte er sich sogar noch weiter vorgewagt und verlangt, dass alle Debatten in diesem feierlichen und aristokratischen Senat Tag für Tag festgehalten und veröffentlicht würden. So entstand die erste Zeitung. Sie hieß *Acta diurna* und war kostenlos, denn anstatt sie zu verkaufen, schlug man sie an den Wänden an, damit jeder Bürger lesen und überprüfen konnte, was die Regierenden taten und sagten. Die neue Idee war von enormer Tragweite, da sie das demokratischste aller Rechte sanktionierte. Der Senat, der sein Ansehen nicht zuletzt seiner Geheimhaltung verdankte, war so der öffentlichen Meinung preisgegeben. Von diesem Schlag erholte er sich nie.

Con Gabinio e Pisone a guardagli le spalle come consoli; con un avventuriero facilmente ricattabile come Clodio alla testa della plebe; con l'amicizia di Pompeo e il sostegno finanziario di Crasso; col Senato imbrigliato e costretto a rendere conto delle sue decisioni, Cesare ora poteva allontanarsi anche da Roma per procurarsi quello che tuttavia gli mancava: la gloria militare e un esercito fedele.

Mit den Konsuln Gabinius und Piso als Rückendeckung, mit einem leicht erpressbaren Abenteurer wie Clodius an der Spitze der Plebejer, mit der Freundschaft des Pompeius und der finanziellen Unterstützung des Crassus, mit dem gebändigten Senat, der über seine Entscheidungen Rechenschaft ablegen musste, konnte Caesar sich nun getrost von Rom entfernen, um sich das zu holen, was ihm noch fehlte: militärischen Ruhm und ein ihm treu ergebenes Heer.

La situazione a Roma non era allegra. Il grano non arrivava più dalla Spagna, dove il figlio di Pompeo aveva organizzato un altro esercito, né dall'Africa, dove Catone e Labieno erano ormai padroni del campo e avevano ai loro ordini forze uguali a quelle ch'erano state sconfitte a Farsalo. All'interno il caos dilagava. Il genero di Cicerone, Dolabella, si era coalizzato con Celio, il successore di Clodio e il capo degli estremisti. Insieme essi avevano ordinato la cancellazione di tutti i debiti, che voleva dire il marasma economico, e richiamato da Marsiglia Milone, il gran maestro della demagogia e del manganello. Marc'Antonio che, in rappresentanza di Cesare, doveva mantenere l'ordine e aveva le maniere spicce del soldataccio, aveva scatenato la truppa, un migliaio di romani erano stati sgozzati nel Foro, e Celio e Milone erano fuggiti per organizzare la rivolta in provincia, dove varie legioni si erano ribellate.

Cesare, abituato a battersi a destra, cioè contro i reazionari, detestava aver nemici a sinistra e non voleva far la fine di Mario, costretto, per rimettere ordine, a massacrare i suoi. Cominciò a dipanare la sua matassa politica dai soldati «perché» disse «essi dipendono dal denaro, che dipende dalla forza, che dipende da loro». Si presentò solo e disarmato alle legioni rivoltate, e disse con la sua abituale calma che riconosceva legittime le loro rivendicazioni e che le avrebbe soddisfatte al ritorno dall'Africa, dove andava a combattere «con altri soldati». A quelle parole, dice Svetonio, i veterani trasalirono di vergogna e di pentimento, gridarono che questo

Die Iden des März

Die Situation in Rom war [während sich Caesar in Gallien herumtrieb] nicht gerade lustig. Es kam kein Getreide mehr an, weder aus Spanien, wo der Sohn des Pompeius ein weiteres Heer aufgestellt hatte, noch aus Afrika, wo Cato und Labienus inzwischen Herren der Lage waren und Streitkräfte der gleichen Stärke befehligten wie diejenigen, die in Pharsalos besiegt worden waren. Im Inneren breitete sich Chaos aus. Ciceros Schwiegersohn Dolabella hatte sich mit Caelius verbündet, dem Nachfolger des Clodius und Anführer der Extremisten. Gemeinsam hatten sie die Streichung aller Schulden angeordnet – was den wirtschaftlichen Ruin bedeutete – und Milo, den großen Meister der Demagogie und der harten Linie, aus Marseille zurückgerufen. Marcus Antonius, der in Vertretung Caesars die Ordnung aufrechterhalten sollte, hatte seinen groben Soldatenmanieren gemäß seine Truppe losgehetzt: An die tausend Römer waren im Forum abgeschlachtet worden; Caelius und Milo hatten sich abgesetzt, um in der Provinz, wo verschiedene Legionen sich erhoben hatten, die Revolte zu schüren.

Caesar, der daran gewöhnt war, sich mit der Rechten, das heißt mit den Reaktionären, herumzuschlagen, hasste es, Feinde auf der Linken zu haben, und wollte nicht wie Marius enden, der, um wieder Ordnung zu schaffen, gezwungen gewesen war, seine eigenen Leute niederzumetzeln. Die Entwirrung seiner verwickelten politischen Lage begann er bei den Soldaten, «denn sie», so sprach er, «sind vom Geld abhängig, das von der Macht abhängt, die wiederum von ihnen abhängt». Allein und unbewaffnet stellte er sich den rebellierenden Legionen und sagte mit seiner üblichen Gelassenheit, dass er ihre Forderungen als rechtmäßig anerkenne und ihnen nach seiner Rückkehr aus Afrika, wo er «mit anderen Soldaten» kämpfen müsste, nachkommen würde. Bei diesen Wor-

non poteva essere, che i soldati di Cesare erano loro e intendevano restarlo. Cesare finse qualche difficoltà, poi si arrese per il semplice motivo che di soldati non ne aveva altri. Quel gran generale era anche, come oggi si direbbe, un gran filone. Caricò sulle navi quella truppa che ribolliva di ardori di redenzione, sbarcò in Africa nell'aprile del 46, a Tapso, e trovò ad aspettarlo ottantamila uomini al comando di Catone, Metello Scipione, il suo ex luogotenente Labieno, e Giuba, re di Numidia.

Ancora una volta si trovò a lottare uno contro tre. Ancora una volta perse il primo scontro. Ancora una volta vinse la battaglia decisiva, che fu terribile. In quest'occasione i suoi soldati non rispettarono gli ordini di clemenza e massacrarono i prigionieri. Giuba si uccise sul campo. Scipione fu raggiunto sul mare e accoppato. Catone si rinchiuse a Utica con un piccolo distaccamento, consigliò a suo figlio di sottomettersi a Cesare, distribuì il denaro che aveva in cassa a quanti gliene chiesero per fuggire, offrì un pranzo ai suoi più intimi amici, li intrattenne su Socrate e Platone. Poi, ritiratosi nella sua stanza, s'immerse il pugnale nella pancia. I servi se ne accorsero e chiamarono un dottore che alla meglio rimise al loro posto gl'intestini traboccanti fuor della ferita e la bendò. Catone si finse in coma. Poi, quando fu lasciato solo, si tolse la fasciatura, e riaprì lo squarcio con le proprie mani.

Lo trovarono morto, con la testa reclinata sulle pagine del *Fedone* di Platone. Cesare, addolorato, disse che non poteva perdonargli di avergli tolto l'occasione di perdonarlo. Gli fece fare solenni funerali e riversò la sua clemenza sul figlio. Egli

ten, so Sueton, schreckten die Veteranen vor Scham und Reue auf und riefen, dass das nicht sein könne, dass sie Caesars Soldaten seien und es auch bleiben wollten. Caesar schützte allerlei Schwierigkeiten vor, gab jedoch schließlich nach, einfach, weil er gar keine anderen Soldaten hatte. Der große General war, wie man heute sagen würde, eben auch ein schlauer Fuchs. Er verschiffte die vor Reue und Angriffslust glühende Truppe nach Afrika und ging im April des Jahres 46 in Thapsos an Land. Dort erwarteten ihn achtzigtausend Mann unter dem Kommando von Cato, Metellus Scipio und seinem ehemaligen Legaten Labienus sowie Juba, dem König von Numidien.

Wieder musste er allein gegen drei kämpfen. Wieder verlor er das erste Gefecht. Wieder gewann er die entscheidende Schlacht – sie war grauenvoll. Seine Soldaten hatten seinen Befehl, Gnade walten zu lassen, missachtet und die Gefangenen niedergemetzelt. Juba tötete sich selbst auf dem Schlachtfeld. Scipio wurde auf offenem Meer erwischt und kaltgemacht. Cato schloss sich mit einem kleinen Gefolge in Utica ein, riet seinem Sohn, sich Caesar zu unterwerfen, teilte das Geld, das er in der Kasse hatte, unter denen auf, die ihn für die Flucht darum baten, und lud seine engsten Freunde zu einem Mahl, bei dem er ihnen von Sokrates und Platon erzählte. Schließlich, in sein Gemach zurückgekehrt, stieß er sich den Dolch in den Bauch. Die herbeigelaufenen Diener riefen nach einem Arzt, der den aus der Wunde herausquellenden Darm so gut er konnte wieder zurückstopfte und den Verwundeten verband. Cato tat, als sei er bewusstlos, doch als sie ihn dann allein ließen, riss er den Verband ab und die klaffende Wunde mit den eigenen Händen wieder auf.

Als sie ihn fanden, war er tot. Sein Kopf lag auf den Seiten von Platons *Phaidon*. Schmerzerfüllt sagte Caesar, er könne ihm nicht verzeihen, ihn der Gelegenheit beraubt zu haben, ihm zu verzeihen. Er ließ ihn feierlich bestatten und überschüttete den Sohn mit seiner Gnade. Vielleicht fühlte

stesso sentiva forse che quell'uomo sgradevole e per molti rispetti antipatico si portava nella tomba le virtù della Roma repubblicana. Avrebbe volentieri barattato la vita di quel nemico con quella di molti amici: Cicerone, per esempio.

Dopo una breve sosta a Roma, andò a dare il colpo di grazia all'ultimo esercito pompeiano, quello di Spagna. Lo sbaragliò a Munda, e finalmente poté dedicarsi interamente all'opera di riorganizzazione dello stato. Ne aveva ormai i poteri perché il Senato gli aveva concesso il titolo di dittatore dapprima per dieci anni, poi a vita. Ma l'impresa era gigantesca, e avrebbe richiesto una classe dirigente che Cesare non aveva. Egli invitò i suoi antichi avversari aristocratici, ch'erano i più competenti, a collaborare con lui. Gli risposero con sarcasmi e complotti, ritirando fuori la vecchia favola del progettato matrimonio con Cleopatra e del trasferimento della capitale ad Alessandria. Cesare non poté contare che su un gruppo di pochi amici fidati, ma inesperti di amministrazione, con cui formò una specie di ministero: Balbo, Marc'Antonio, Dolabella, Oppio, eccetera. L'Assemblea era dalla parte sua. Il Senato lo ridusse a un corpo puramente consultivo, dopo averne portato i membri da sei a novecento con l'immissione di nuovi elementi scelti parte tra la borghesia di Roma, parte tra quella di provincia, parte tra i suoi vecchi ufficiali celti, molti dei quali erano figli di schiavi.

Questa manovra faceva parte di un più vasto progetto che Cesare aveva abbozzato quando aveva concesso la cittadinanza alla Gallia Cispadana. Il Senato non aveva mai convalidato quella misura; ma ora dovette accettare ch'essa venisse estesa a tutta l'Italia. Cesare aveva capito che non c'era più nulla da spe-

er auch, dass mit diesem unangenehmen, in vieler Hinsicht unsympathischen Mann die Tugenden des republikanischen Rom zu Grabe getragen wurden. Gerne hätte er das Leben dieses Feindes für das Leben etlicher Freunde eingetauscht, wie das des Cicero zum Beispiel.

Nach kurzem Aufenthalt in Rom, machte er sich auf, um dem letzten pompejanischen Heer, dem von Spanien, den Gnadenstoß zu versetzen. Er zerschlug es in Munda und konnte sich endlich vollkommen der Reorganisation des Staates widmen. Dazu hatte er nun die Macht, denn der Senat hatte ihn zum Diktator ernannt, zunächst für zehn Jahre, dann auf Lebenszeit. Sein Vorhaben war jedoch gigantisch und hätte einer Führungsschicht bedurft, die Caesar nicht hatte. Er trug seinen alten aristokratischen Widersachern, die die fähigsten waren, die Zusammenarbeit an. Doch sie begegneten ihm mit Sarkasmus und Verschwörungen und kramten die alten Geschichten von der geplanten Heirat mit Kleopatra und der Verlegung der Hauptstadt nach Alexandria wieder hervor. So konnte Caesar nur auf eine kleine Gruppe zuverlässiger, allerdings in Verwaltungsdingen unerfahrener Freunde zählen. Mit ihnen bildete er eine Art Ministerium: Balbus, Marcus Antonius, Dolabella, Oppius und so weiter. Die Volksversammlung stand auf seiner Seite. Den Senat stufte er auf eine rein beratende Körperschaft herab, nachdem er die Zahl der Mitglieder von sechshundert auf neunhundert erhöht und neue Köpfe ausgewählt hatte, teils unter der Bürgerschaft Roms, teils aus der Provinz und teils unter seinen alten keltischen Offizieren, von denen viele noch Söhne von Sklaven waren.

Das Ganze war Teil eines weit umfangreicheren Plans, den Caesar entworfen hatte, als er den cispadanischen Galliern die römische Staatsbürgerschaft zuerkannte. Der Senat hatte diese Maßnahme nie für gültig erklärt, nun aber musste er hinnehmen, dass sie auf ganz Italien ausgedehnt wurde. Caesar hatte begriffen, dass man von den inzwischen verweichlichten und

rare dai romani di Roma, ormai ammolliti, imbastarditi e incapaci di fornire altro che degl'intrallazzatori e dei disertori. Egli sapeva che il buono era solo in provincia, dove la famiglia era rimasta salda, i costumi sani, l'educazione severa. E con questi provinciali di origine contadina o piccoloborghese intendeva riformare i quadri della burocrazia e dell'esercito.

La sua vera rivoluzione era questa, ed egli cercò di realizzarla attraverso la grande riforma agraria progettata dai Gracchi. Per riuscirvi, chiamò a collaborare l'alta borghesia industriale e mercantile, che finanziò l'operazione. Grandi capitalisti come Balbo e Attico diventarono i suoi banchieri e consiglieri. Cesare spiegò in questa bisogna la stessa energia che aveva spiegato come generale in battaglia. Voleva tutto vedere, tutto sapere, tutto decidere. Non ammetteva sprechi e incompetenze. E per escludere gli uni e le altre, il tempo non gli bastava mai. La politica del pieno impiego della manodopera si conciliava benissimo col «mal della pietra» che lo affliggeva. Cesare era un costruttore nato e trascorreva in letizia le sue indaffaratissime giornate. I pettegolezzi dei suoi nemici contro di lui, invece d'irritarlo, lo divertivano.

Se li faceva raccontare per poi riraccontarli egli stesso a Calpurnia, con la quale era tornato a vivere dopo la parentesi di Cleopatra. Era, a modo suo, un buon marito che ripagava la moglie di tutte le corna che le aveva messo, con mille attenzioni, una profonda stima e un affettuoso cameratismo. Aveva sempre qualcosa da raccontarle, quando tornava dall'ufficio, dove trattava collaboratori e sottoposti col signorile distacco che gli era abituale. Era accurato nel vestire, e delle facoltà insite nel suo titolo di dittatore approfittava solo di quella che gli consentiva di portare la

verdorbenen «waschechten» Römern, die zu anderem als zu Machenschaften und Fahnenflucht nicht fähig waren, nichts erwarten konnte. Er wusste, dass das Gute nur in der Provinz zu finden war, wo die Familie noch fest zusammenhielt, die Sitten gesund und die Erziehung streng waren. Mit den Menschen bäuerlicher oder kleinbürgerlicher Herkunft aus der Provinz wollte er Bürokratie und Heer neu aufbauen.

Das war das wirklich Revolutionäre an Caesars Vorhaben, und er versuchte es durch die bereits von den Gracchen geplante große Landwirtschaftsreform in die Tat umzusetzen. Zur Finanzierung wandte er sich an die reiche Bürgerschaft der Industriellen und Handel treibenden. Großkapitalisten wie Balbus und Atticus wurden seine Bankiers und Berater. Caesar entwickelte in dieser Angelegenheit die gleiche Energie wie als General in der Schlacht. Er wollte alles sehen, alles wissen, alles entscheiden; Verschwendung und Inkompetenz duldete er nicht. Doch um das eine wie das andere auszuschließen, hatte er nie genug Zeit. Die Politik der Vollbeschäftigung vertrug sich sehr gut mit der «Bauwut», die ihn befallen hatte. Caesar war der geborene Bauherr und verbrachte fröhlich gestimmt seine arbeitsreichen Tage. Über das bösartige Geschwätz seiner Feinde amüsierte er sich nur, statt sich zu ärgern.

Er ließ sich aber alles berichten, um es dann selbst Calpurnia weiterzuerzählen, mit der er nach dem Zwischenspiel mit Kleopatra wieder zusammenlebte. Auf seine Weise war er ein guter Ehemann, der seine Frau für all die Hörner, die er ihr aufgesetzt hatte, mit großer Aufmerksamkeit, tiefer Achtung und liebevoller Kameradschaft entschädigte. Er hatte ihr immer etwas zu erzählen, wenn er aus dem Büro kam, wo er seine Mitarbeiter und Untergebenen in der ihm eigenen vornehm distanzierten Art behandelte. Er hielt viel auf seine Kleidung, und von den Vorrechten, die ihm als Diktator zustanden, nahm er nur in Anspruch, einen Lorbeerkranz zu

corona di lauro sulla testa per nascondere la calvizie. Faceva tutto con eleganza: anche il regalo del perdono a chi gli aveva recato offesa. Anzi, le offese preferiva, se poteva, ignorarle. Per questo aveva bruciato, senza leggerla, la corrispondenza che Pompeo aveva lasciato nella sua tenda a Farsalo, e quella di Scipione a Tapso. Chissà quante porcherie, tradimenti, doppi giuochi ci avrebbe scoperto. Quando aveva saputo che Sesto si preparava a vendicare il padre in Spagna, gli aveva mandato i nipoti rimasti a Roma. E dei suoi due avversari Bruto e Cassio aveva fatto due governatori di provincia. Forse in questa magnanimità c'era anche un po' di disprezzo per gli uomini: un carattere che si accompagna quasi sempre alla grandezza. E forse in questo disprezzo sta anche la ragione della sua totale indifferenza ai pericoli che lo minacciavano. Egli non poteva ignorare che intorno a lui si complottava e che la generosità è uno stimolante, non un sedativo, dell'odio. Ma non riteneva i suoi nemici abbastanza coraggiosi per osare. E sognava nuove imprese: di vendicare Crasso contro i parti, di estendere l'impero sulla Germania e la Scizia, di rifondere definitivamente tutta la società italiana sul livello di una classe media provinciale e campagnola più vigorosa e aderente all'antico costume.

Nel febbraio di quell'anno 48 stava già redigendo i piani per quelle campagne, quando Cassio si mise alla testa della cospirazione e cercò di attirarvi Bruto, che Cesare seguitava ad amare come un suo figlio, forse sapendo che lo era. I romanzieri e i drammaturghi hanno poi fatto di questo giovanotto un eroe delle libertà repubblicane. Noi dubitiamo che lo fosse. Il complotto era ammantato di nobili ideali:

tragen, um seine Glatze zu verbergen. Er tat alles mit Eleganz, auch wenn er denen, die ihn beleidigt hatten, Vergebung schenkte. Am liebsten sah er jedoch darüber hinweg. Aus diesem Grund hatte er – ohne ihn zu lesen – den Schriftverkehr des Pompeius, den dieser in seinem Zelt in Pharsalos zurückgelassen hatte, verbrannt, so wie den des Scipio in Thapsos. Wer weiß, wie viel Schweinereien, wie viel Verrat und doppeltes Spiel er darin hätte entdecken können. Als er erfuhr, dass Sextus im Begriff war, seinen Vater in Spanien zu rächen, schickte er ihm die in Rom verbliebenen Enkelkinder nach. Aus seinen beiden Widersachern Brutus und Cassius machte er zwei Provinzstatthalter. Vielleicht lag in dieser Großherzigkeit ja auch ein wenig Menschenverachtung, ein Charakterzug, der fast immer mit Größe einhergeht. Und vielleicht liegt in dieser Verachtung auch der Grund für seine absolute Gleichgültigkeit gegenüber Gefahren, die ihn selbst bedrohten. Er musste wissen, dass um ihn herum Komplotte geschmiedet wurden, und dass Hass durch Großzügigkeit nicht besänftigt, sondern geschürt wird. Er hielt seine Feinde jedoch nicht für mutig genug, es zu wagen. Er träumte von neuen Unternehmungen: Er wollte Crassus bei den Parthern rächen, das Imperium bis nach Germanien und Skythien ausdehnen und die gesamte italienische Gesellschaft von Grund auf neu erschaffen, mit einer kräftigeren, aus der Provinz und vom Land stammenden Mittelklasse, die an den alten Bräuchen festhielt.

Bereits im Februar des Jahres 48 war er damit beschäftigt, die Pläne für diese Feldzüge vorzubereiten, als Cassius sich an die Spitze der Verschwörung stellte und versuchte, Brutus auf seine Seite zu ziehen, den Caesar weiterhin wie einen Sohn liebte – vielleicht wusste er, dass er es war. Romanschriftsteller und Theaterdichter haben am Ende aus diesem jungen Mann einen Helden der republikanischen Freiheit gemacht. Wir bezweifeln, dass er es war. Die Verschwörung war mit edlen Ide-

diceva di voler la morte di un tiranno che aspirava alla corona di re per dividerla con Cleopatra, la meretrice forestiera, eppoi lasciarla al bastardo Cesarione dopo averne trasferito la capitale in Egitto. O non si era fatto innalzare una statua accanto a quella dei vecchi re? O non aveva fatto incidere il proprio volto sulle nuove monete? Il potere gli aveva dato alla testa, già turbata da un ritorno di attacchi epilettici. Meglio, anche per lui e per la sua memoria, sopprimerlo, prima che avesse il destro di distruggere in un colpo solo la libertà e la supremazia di Roma.

Furono questi probabilmente gli argomenti che il «pallido e magro» Cassio, come lo descrive Plutarco, usò per convincere suo cognato. Ma forse quelli che trionfarono furono altri, più personali e segreti. Bruto detestava Cesare non perché ignorava di esserne il figlio, ma perché sapeva di esserlo. Forse egli non aveva mai perdonato a sua madre di aver fatto di lui un bastardo. Ma sono supposizioni perché Bruto era taciturno e segreto. Una fonte molto dubbia ha riferito ch'egli scrisse in una lettera a un amico: «I nostri antichi ci hanno insegnato che non bisogna subire un tiranno, anche se è nostro padre». Ma è troppo facile attribuire simili pensieri a un uomo dopo che li ha messi in pratica.

Era un uomo colto, che sapeva di greco e filosofia. Aveva governato con onestà e competenza la Gallia Cisalpina datagli in appalto da Cesare. Aveva sposato sua cugina Porzia, la figlia di suo zio Catone, che certo non doveva disporlo favorevolmente verso il dittatore. Ma la cosa più preoccupante di lui era che scriveva saggi sulla Virtù. La Virtù è

alen bemäntelt. Man wollte den Tod eines Tyrannen, der nach der Königskrone strebte, um sie mit Kleopatra, der fremden Hure, zu teilen und dann seinem Bastard Caesarion zu überlassen, nicht ohne vorher die Hauptstadt nach Ägypten verlegt zu haben. Hatte er sich nicht etwa eine Statue neben denen der alten Könige errichten lassen? Hatte er nicht sein Antlitz auf die neuen Münzen prägen lassen? Die Macht war ihm, der nach der Wiederkehr der epileptischen Anfälle bereits verwirrt war, zu Kopf gestiegen. Besser, auch für ihn selbst und sein Andenken, ihn jetzt zu töten, bevor er Gelegenheit bekäme, mit einem einzigen Schlag die Freiheit und die Vorherrschaft Roms zu zerstören.

Das waren wahrscheinlich die Argumente, die der «blasse und magere» Cassius, wie Plutarch ihn beschreibt, gebrauchte, um seinen Schwager zu überzeugen. Doch vielleicht waren es andere, viel persönlichere und geheimere, die den Ausschlag gaben. Brutus hasste Caesar, nicht, weil er nicht wusste, dass er sein Sohn war, sondern weil er es wusste. Vielleicht hatte er seiner Mutter nie verziehen, ihn zu einem Bastard gemacht zu haben. Aber das sind Vermutungen, denn Brutus war schweigsam und verschwiegen. Eine sehr zweifelhafte Quelle berichtet, dass er in einem Brief an einen Freund schrieb: «Unsere Vorfahren haben uns gelehrt, einen Tyrannen nicht erdulden zu müssen, selbst wenn er unser Vater ist.» Es ist aber allzu leicht, solche Gedanken einem Mann zuzuschreiben, nachdem er sie in die Tat umgesetzt hat.

Brutus war ein gebildeter Mann, der Griechisch konnte und in der Philosophie bewandert war. Mit Redlichkeit und Umsicht hat er das von Caesar übernommene cisalpine Gallien regiert. Er war mit seiner Cousine Portia verheiratet, der Tochter seines Onkels Cato, die ihn gewiss nicht zugunsten des Diktators beeinflusste. Am beunruhigendsten allerdings war, dass er Abhandlungen über die Tugend schrieb.

una di quelle signore perbene che si amano, quando si amano, senza parlarne.

Ai primi di marzo, dopo averlo ben bene «lavorato», Cassio venne a dirgli che ai prossimi idi, cioè il 15, Cesare avrebbe fatto il gran colpo. Il suo luogotenente Lucio Cotta avrebbe proposto all'Assemblea, già decisa ad approvare, di proclamare re il dittatore perché la Sibilla aveva predetto che solo da un re potevano essere battuti i parti, contro cui si stava preparando la spedizione. Sull'opposizione del Senato non c'era da sperare: la sua recente riforma aveva dato la maggioranza ai cesariani. Non restava quindi che il pugnale, prima che fosse troppo tardi. Questa conversazione si svolse alla presenza di Porzia che caldeggiò la tesi di Cassio e, per mostrare che avrebbe saputo tenere il segreto anche sotto la tortura, s'immerse il pugnale in una coscia. Bruto si arrese, anche per non mostrarsi da meno della moglie.

Cesare, quella sera, pranzava in casa con alcuni amici. Secondo il costume degli anfitrioni romani, propose un tema di conversazione: «Che morte preferireste?». Ognuno disse la sua. Cesare si pronunciò per una fine rapida e violenta. L'indomani mattina Calpurnia gli disse di averlo sognato coperto di sangue e lo pregò di non andare in Senato. Ma un amico che apparteneva alla congiura venne invece a sollecitarlo, e Cesare lo seguì mancandone di poco un altro a lui fedele che veniva a informarlo del complotto.

Per strada un chiromante gli gridò di guardarsi degl'idi di marzo. «Ci siamo già» rispose Cesare. «Ma non sono passati» ribatté l'altro. Nel momento di entrare in aula, qualcuno gli mise in mano un papiro arrotolato. Cesare credette che si trattasse di

Die Tugend ist eine jener anständigen Damen, die man liebt, wenn man sie liebt, ohne darüber zu sprechen.

Anfang März kam Cassius, nachdem er ihn ziemlich «bearbeitet» hatte, zu Brutus, um mitzuteilen, dass Caesar an den kommenden Iden, also am 15., losschlagen würde. Sein Unterfeldherr Lucius Cotta habe der Volksversammlung, die zuzustimmen entschlossen war, vorgeschlagen, den Diktator zum König auszurufen, da die Sibylle prophezeit hatte, dass die Parther, gegen die man zum Feldzug rüstete, nur von einem König geschlagen werden konnten. Auf die Opposition des Senats konnte man nicht hoffen, denn der hatte bei der letzten Reform den Anhängern Caesars die Mehrheit gegeben. Es blieb also nichts als der Dolchstoß, bevor es zu spät war. Dieses Gespräch fand in Gegenwart Portias statt, die Cassius' These unterstützte, und als Beweis, dass sie das Geheimnis selbst unter Folter hüten könne, sich den Dolch in den Schenkel stach. Brutus gab nach, schon um seiner Gattin nicht nachzustehen.

An jenem Abend speiste Caesar mit einigen Freunden zu Hause. Nach dem Brauch römischer Gastgeber schlug er ein Gesprächsthema vor: «Welchen Tod würdet ihr bevorzugen?» Jeder äußerte seine Meinung. Caesar sprach sich für ein schnelles und gewaltsames Ende aus. Am nächsten Morgen erzählte ihm Calpurnia, dass sie ihn blutüberströmt im Traum gesehen habe und bat ihn, nicht in den Senat zu gehen. Doch ein Freund, der der Verschwörung angehörte, kam hinzu und forderte ihn auf mitzukommen. Caesar folgte ihm und verfehlte nur knapp einen anderen seiner Getreuen, der ihn von der Verschwörung in Kenntnis setzen wollte.

Auf der Straße rief ihm ein Wahrsager zu, er solle sich vor den Iden des März hüten. «Sie sind schon da», antwortete Caesar. «Sie sind aber nicht vorbei», entgegnete der andere. Als er die Halle betrat, drückte ihm jemand eine Papyrusrolle in die Hand. Caesar dachte, es sei eine der üblichen Bittschrif-

una delle solite suppliche e non lo svolse. Lo aveva ancora in pugno quando morì: era una circostanziata denuncia.

Era appena entrato nell'aula, che i congiurati gli furono tutti addosso col pugnale. L'unico che poteva difenderlo, Marc'Antonio, era stato trattenuto in anticamera da Trebonio. Cesare dapprima cercò di ripararsi col braccio, ma smise quando vide, fra gli assassini, anche Bruto. E molto probabile che abbia detto effettivamente: «Anche tu, figlio mio?», come ha raccontato Svetonio. E una frase che avrebbe pronunciato qualunque padre, in quelle condizioni.

Cadde trafitto di colpi ai piedi della statua di Pompeo, che aveva fatto egli stesso installare lì e cui usava inchinarsi quando vi passava davanti.

Il colpo lasciò sgomenti e incerti coloro stessi che lo avevano fatto. Agitando il pugnale insanguinato, Bruto lanciò un reboante evviva a Cicerone, chiamandolo «Padre della Patria» e invitandolo a tenere un discorso. Atterrito all'idea di venire mescolato in quella faccenda e avvertendo l'inopportunità di ogni retorica, il grande avvocato rimase, per la prima volta in vita sua, senza parola. Marc'Antonio rientrò, vide il cadavere steso per terra, e tutti si aspettarono da lui uno scoppio d'ira vendicatrice. Invece il «fedelissimo» tacque e silenziosamente uscì. Fuori, la folla si ammassava inquieta per la notizia che già aveva cominciato a circolare. Timorosamente, i congiurati si fecero sul portone, e qualcuno di loro cercò di spiegare l'accaduto giustificandolo come un trionfo della libertà. Ma la parola non aveva più alcun fascino per i romani che l'accolsero con minacciosi brontolii. I congiurati si ritirarono, barricandosi in Campidoglio e mettendovi a guardia i loro servi armati, e manda-

ten, und entrollte sie nicht. Er hielt sie noch in der Hand, als er starb. Es handelte sich um eine ausführliche Meldung über die Verschwörung.

Kaum hatte er die Halle betreten, fielen schon die Verschwörer mit ihren Dolchen über ihn her. Der Einzige, der ihn hätte verteidigen können, Marcus Antonius, war im Vorraum von Trebonius aufgehalten worden. Caesar versuchte sich zunächst mit dem Arm zu schützen, gab es aber auf, als er auch Brutus unter den Mördern sah. Es ist durchaus wahrscheinlich, dass er tatsächlich «Auch du, mein Sohn?» sagte, wie es von Sueton berichtet wird. Ein Satz, den wohl jeder Vater in einer solchen Situation sagen würde.

Von Dolchstößen durchbohrt, fiel er zu Füßen der Statue des Pompeius nieder, die er selbst dort hatte errichten lassen und vor der er sich immer verneigte, wenn er vorbeiging.

Der Anschlag ließ Bestürzung und Verunsicherung selbst bei denen zurück, die ihn verübt hatten. Den blutigen Dolch schwenkend brüllte Brutus Cicero ein gewaltiges «Hurra» zu, nannte ihn «Vater des Vaterlandes» und forderte ihn auf, eine Rede zu halten. Entsetzt bei dem Gedanken, in die Sache hineingezogen zu werden, und mit einem Gespür für das Unangemessene jeglicher Rhetorik, blieb der große Advokat zum ersten Mal in seinem Leben ohne Worte. Als Marcus Antonius hereinkam und den Leichnam am Boden liegen sah, erwarteten alle einen rachsüchtigen Wutausbruch von ihm. Stattdessen schwieg der «Treueste der Treuen» und ging leise hinaus. Angesichts der sich bereits verbreitenden Nachricht versammelte sich draußen die unruhige Menge. Besorgt begaben sich die Verschwörer zum Tor; irgendeiner von ihnen versuchte, das Vorgefallene als Triumph der Freiheit zu rechtfertigen. Doch das Wort hatte für die Römer, die sie mit drohendem Gemurre empfingen, seinen Reiz verloren. Die Verschwörer zogen sich zurück, verbarrikadierten sich im Kapitol, stellten ihre bewaffneten Sklaven auf und schickten

rono un messaggio a Marc'Antonio perché accorresse a trarli d'impaccio.

Il «fedelissimo» venne l'indomani, quando Bruto e Cassio avevano già inutilmente pronunciato un secondo discorso per calmare la folla, sempre più minacciosa. Vi riuscì alla meglio lui con un abile discorso, in cui chiese il mantenimento dell'ordine promettendo in cambio il castigo dei colpevoli. Poi andò da Calpurnia, annientata dal dolore, e si fece dare, sigillato in busta, il testamento di Cesare. Lo consegnò alle Vestali, com'era l'uso di Roma, senz'aprirlo, tanto era sicuro di esservi designato come erede. Mandò segretamente a chiamare le truppe accampate fuor di città; e, tornato in Senato, pronunciò un'allocuzione di cesareo equilibrio ch'era già un programma di governo e mirava alla distensione. Approvò la proposta di amnistia generale avanzata da Cicerone a patto che il Senato ratificasse tutti i progetti lasciati in sospeso da Cesare. Promise a Cassio e a Bruto un governatorato che gli consentisse di allontanarsi da Roma, e li trattenne quella sera a cena con sé.

Il 18 fu incaricato di pronunciare l'elogio di Cesare in occasione del suo funerale, che fu quanto di più solenne si fosse mai visto a Roma. La comunità israelitica, grata a Cesare dell'amichevole trattamento che ne aveva ricevuto, seguiva il feretro mescolata ai veterani cantando i suoi antichi e solenni inni. I soldati gettarono le loro armi sulla pira, gli attori e i gladiatori i loro costumi. Tutta la notte l'intera cittadinanza rimase raccolta intorno alla bara.

L'indomani Antonio si fece consegnare il testamento dalle Vestali, solennemente lo aprì dinanzi alle alte cariche dello stato, e ne diede pubblica let-

eine Botschaft an Marcus Antonius, ihnen aus der Klemme zu helfen.

Der «Treueste der Treuen» kam am nächsten Tag, als Brutus und Cassius vergeblich bereits eine zweite Ansprache gehalten hatten, um die immer bedrohlichere Menge zu beruhigen. Mit einer geschickten Rede, in der er um die Einhaltung der Ordnung bat und die Bestrafung der Schuldigen dafür versprach, gelang es ihm halbwegs. Dann ging er zu der von Schmerz überwältigten Calpurnia und ließ sich in einem versiegelten Umschlag Caesars Testament aushändigen. Ohne es zu öffnen, übergab er es den Vestalinnen, wie es in Rom der Brauch war, denn er war sich sicher, darin zum Erben bestimmt worden zu sein. Heimlich schickte er nach den vor der Stadt lagernden Truppen. In den Senat zurückgekehrt, hielt er eine ausgewogene Ansprache à la Caesar, die bereits ein Regierungsprogramm war und auf Entspannung zielte. Er billigte die von Cicero eingebrachte Generalamnestie und forderte vom Senat als Bedingung die Anerkennung aller schwebenden Projekte Caesars. Cassius und Brutus versprach er eine Statthalterschaft, die ihnen erlauben würde, sich von Rom zu entfernen, und behielt sie noch für den selben Abend zu einem Gastmahl bei sich.

Am 18. wurde er beauftragt, die Lobrede zu Caesars Begräbnis zu halten, welches das prächtigste war, das Rom je gesehen hatte. Die israelitische Gemeinde, die Caesar für seine freundschaftliche Behandlung dankbar war, folgte gemeinsam mit den Veteranen dem Sarg und sang ihre feierlichen alten Hymnen. Die Soldaten warfen ihre Waffen auf den Scheiterhaufen, Schauspieler und Gladiatoren ihre Gewänder. Die ganze Nacht blieb die gesamte Bürgerschaft um den Sarg versammelt.

Am Tag darauf ließ Antonius sich das Testament von den Vestalinnen aushändigen, öffnete es feierlich vor den hohen Würdenträgern des Staates und verlas es öffentlich. Von sei-

tura. Della sua privata fortuna che ammontava a circa cento milioni di sesterzi, Cesare ne lasciava a ogni cittadino romano; e al municipio, come pubblico parco, donava i suoi meravigliosi giardini. Il resto doveva essere diviso fra i tre suoi pronipoti, uno dei quali, Caio Ottavio, veniva adottato come figlio e designato erede.

Il «fedelissimo» che quarantott'ore dopo l'assassinio del suo capo aveva invitato a cena gli assassini, era ripagato della sua strana fedeltà.

nem privaten Vermögen, das etwa hundert Millionen Sesterzen betrug, hinterließ Caesar jedem römischen Bürger eine gewisse Summe; der Gemeinde vermachte er seine wunderschönen Gärten als öffentlichen Park. Der Rest sollte unter seinen drei Großneffen aufgeteilt werden; einer von ihnen, Gaius Octavius, wurde als Sohn adoptiert und zu seinem Erben ernannt.

Dem «Treuesten der Treuen», der achtundvierzig Stunden nach dem Mord an seinem Herrn die Mörder zum Abendessen lud, wurde seine seltsame Treue heimgezahlt.

Salvo i più intimi amici di casa, che ve lo avevano visto adolescente, nessuno a Roma conosceva questo Caio Ottavio, destinato a cambiare due volte di nome, e con l'ultimo, Augusto, a passare alla storia come il più grande uomo di stato di Roma. Sua nonna era stata Giulia, la sorella di Cesare, andata sposa a un provinciale di Velletri, cafone e quattrinaio. Suo padre aveva fatto una discreta carriera ed era finito governatore in Macedonia. Quanto a lui, il ragazzo, era cresciuto sotto una disciplina quasi spartana, aveva studiato con profitto, e lo zio Cesare che, rimasto senza figli legittimi nonostante tutte quelle mogli che aveva impalmato, se l'era preso in casa, ci s'era affezionato. Se l'era condotto dietro in Spagna, quando vi andò nel 45 a debellarvi gli ultimi pompeiani. E in quell'occasione aveva ammirato la forza di volontà di quel giovanottello imberbe e fragile nell'affrontare fatiche sproporzionate alla sua salute. Infatti soffriva di colite, di eczema e di bronchitelle: malanni che col tempo diventarono sempre più acuti e l'obbligarono a vivere come un pulcino nella stoppa, con pancere, scialli, berretti di lana, un armamentario di pillole, unguenti e sciroppi al seguito, e un medico a portata di mano, anche in battaglia. Non beveva, mangiava come un uccellino, aveva un sacrosanto terrore degli spifferi, ma affrontava il nemico col più freddo coraggio, e non compiva un gesto, anche il più ordinario, senz'averne prima soppesato accuratamente i pro e i contro.

Cesare, il brillante improvvisatore scavezzacollo e di manica larga, dalla generosità irriflessiva, dalla

Außer den engsten Freunden des Hauses, die ihn als Heranwachsenden erlebt hatten, kannte niemand in Rom diesen Gaius Octavius, der dazu bestimmt war, zweimal seinen Namen zu ändern und unter dem zweiten, Augustus, als größter Staatsmann Roms in die Geschichte einzugehen. Seine Großmutter war Julia, die Schwester Caesars, verheiratet mit einem reichen ungehobelten Mann aus Velletri. Sein Vater hatte eine recht gute Karriere gemacht und es in Mazedonien zum Statthalter gebracht. Was den Jungen betraf, so war er unter beinahe spartanischer Disziplin aufgewachsen. Er hatte mit Erfolg studiert und war von Caesar, seinem Onkel, der trotz seiner vielen Ehefrauen keine legitimen Kinder hatte, aufgenommen worden. Caesar hatte Zuneigung zu ihm gefasst und ihn im Jahre 45 mit nach Spanien genommen, um dort die letzten Pompejaner zu bezwingen. Bei dieser Gelegenheit konnte er die Willenskraft dieses bartlosen zarten Jünglings bewundern, der Strapazen auf sich nahm, die in keinem Verhältnis zu seiner gesundheitlichen Verfassung standen. Er litt nämlich unter Kolitis, Ekzemen und Bronchitis, Leiden, die mit der Zeit immer schlimmer wurden und ihn zwangen, wie ein in Watte verpacktes Küken zu leben, mit Leibbinden, Schals, Wollmützen, einer ganzen Ausrüstung an Pillen, Salben und Sirups und immer einem Arzt in Reichweite, selbst in der Schlacht. Er trank nicht, aß wie ein Vögelchen, hatte eine Heidenangst vor Zugluft, dem Feind jedoch trat er mit eiskaltem Mut entgegen, und unternahm nichts, nicht einmal die gewöhnlichsten Dinge, ohne vorher genauestens das Für und Wider abzuwägen.

Caesar, der brillante, halsbrecherische und gelassene Improvisator, mit seiner unbekümmerten Großzügigkeit, seiner

parola pronta e dal gesto vivace, dovette prenderlo in simpatia per amor di contrasto. Ne seguì gli studi, lo istradò verso quelli di strategia e di amministrazione, e appena diciassettenne gli affidò un piccolo comando in Illiria perché facesse pratica di milizia e di governo. Fu qui che un messo lo raggiunse sulla fine di marzo con la notizia della morte dello zio e del suo testamento. Accorse a Roma e, contro il parere di sua madre che diffidava di Marc'Antonio, andò a trovare costui che lo trattò con disprezzo chiamandolo «ragazzetto».

Il ragazzetto non se la prese. Ma chiese quietamente se il denaro che Cesare aveva lasciato ai cittadini e ai soldati era stato effettivamente distribuito. Antonio rispose che c'era qualcosa di più urgente a cui pensare. E Caio Ottavio che ora, per l'adozione, aveva preso il nome di Caio Giulio Cesare Ottaviano, si fece prestare i fondi dai ricchi amici del defunto e li distribuì come questi aveva ordinato. I veterani cominciarono a guardare con simpatia al «ragazzetto» che prometteva di saperci fare.

Irritato, Antonio dichiarò qualche giorno più tardi di essere stato vittima di un attentato e di aver saputo dall'attentatore ch'era stato Ottaviano a organizzare il colpo. Ottaviano chiese delle prove. E, siccome esse non vennero addotte, raggiunse le due legioni che frattanto aveva richiamato dall'Illiria, le unì a quelle dei due consoli in carica, Irzio e Pansa, e con essi marciò contro Antonio.

Non aveva che diciotto anni, in quel momento, e per questo il Senato fu dalla sua parte. Gli aristocratici erano allarmati dalle prepotenze di Antonio che, una volta vistosi defraudato dell'eredità di Cesare, cercava di accaparrarsela con la forza. In quei pochi

Schlagfertigkeit und lebhaften Gestik, musste ihn schon aufgrund der Anziehungskraft der Gegensätze mögen. Er überwachte seine Studien, führte ihn hin zu Kriegskunst und Verwaltungswesen und übertrug dem kaum Siebzehnjährigen ein kleines Kommando in Illyrien, damit er sich Praxis in militärischen und führungstechnischen Dingen erwarb. Hier erreichte Octavius Ende März ein Bote mit der Nachricht vom Tod seines Onkels und dessen Testament. Er eilte nach Rom und suchte Marcus Antonius auf, gegen den Rat seiner Mutter, die diesem misstraute. Verächtlich wurde er von ihm als «kleiner Junge» bezeichnet.

Der «kleine Junge» nahm das nicht übel, sondern fragte ruhig, ob das Geld, das Caesar den Bürgern und den Soldaten vermacht hatte, auch wirklich verteilt worden sei. Antonius antwortete, dass im Augenblick an Dringenderes zu denken war. Gaius Octavius, der durch die Adoption nun den Namen Gaius Julius Caesar Octavianus angenommen hatte, lieh sich von reichen Freunden des Verstorbenen die Gelder und verteilte sie, wie dieser es angeordnet hatte. Mit Sympathie betrachteten die Veteranen den «kleinen Jungen», der seine Sache geschickt zu machen versprach.

Antonius war verärgert und erklärte einige Tage später, Opfer eines Attentats geworden zu sein und vom Attentäter erfahren zu haben, dass Oktavian der Anstifter des Anschlags gewesen sei. Der verlangte Beweise. Da diese nicht beigebracht wurden, begab er sich zu den beiden Legionen, die er inzwischen aus Illyrien zurückgerufen hatte, vereinigte sie mit denen der beiden amtierenden Konsuln Hirtius und Pansa und marschierte gegen Antonius.

Er war damals erst achtzehn Jahre alt, weswegen der Senat auf seiner Seite stand. Die Aristokraten waren beunruhigt über die Vermessenheit von Antonius, der sich um das Erbe Caesars betrogen sah und dieses sich nun mit Gewalt verschaffen wollte. In den wenigen Tagen seiner Herrschaft hat-

giorni di potere, egli aveva saccheggiato il Tesoro, appropriandosi duecento miliardi, occupando arbitrariamente il palazzo di Pompeo e autonominandosi governatore della Gallia Cisalpina per avere il pretesto di tenere un esercito in Italia e diventarne così il padrone. Il Senato si accorse che, a lasciarlo fare, al Cesare morto se ne sarebbe sostituito un altro e peggiore. E per questo decise di favorire Ottaviano, un «ragazzetto» che avrebbe dato meno ombra. Cicerone prestò la sua oratoria a questa lotta contro Antonio in una serie di *Filippiche* che si appuntavano soprattutto sulla sua vita privata. Materia ce n'era. Antonio, che aveva allora trentott'anni, li aveva riempiti di prodezze militari, di soprusi, di generosità e di indecenza. Lo stesso Cesare, pur di manica larga com'era e volendogli bene, aveva dovuto scandalizzarsi per l'harem di ambo i sessi che il suo generale si portava dietro, anche in guerra. Antonio era un aristocratico ignorante e amorale, robusto, sanguigno e manesco. Cicerone, frugandone la condotta, vi trovò pretesto a tutte le accuse.

Lo scontro tra i due eserciti avvenne presso Modena. E la fortuna assisté così sfacciatamente Ottaviano da lasciarlo unico generale superstite: Irzio e Pansa erano caduti, e Antonio, battuto per la prima volta in vita sua, era fuggito. Così il «ragazzetto» rientrò a Roma alla testa di tutte le truppe acquartierate in Italia, andò in Senato, impose la propria nomina a console, l'annullamento dell'amnistia ai cospiratori degl'idi di marzo e la loro condanna a morte. Il Senato, che aveva contato di usarlo come suo strumento, s'indignò e resisté. Ottaviano convocò un altro luogotenente di Cesare, Lepido, lo mandò come ambasciatore di pace ad Antonio, e stabilì con loro

te er den Staatsschatz geplündert und sich zweihundert Milliarden angeeignet; eigenmächtig hatte er den Palast des Pompeius besetzt und sich selbst zum Statthalter von Gallia Cisalpina ernannt, um Anspruch auf ein Heer in Italien zu haben und somit Herr über Italien zu sein. Der Senat begriff, dass man ihn nicht gewähren lassen durfte, da sonst der tote Caesar nur durch einen anderen und schlimmeren ersetzt würde. Deswegen entschied er sich zugunsten Oktavians, eines «kleinen Jungen», von dem weniger zu befürchten war. Cicero setzte in diesem Kampf gegen Antonius seine Redekunst in einer Reihe von *Philippiken* ein, die vor allem auf dessen Privatleben zielten. Stoff gab es genug. Antonius war damals achtunddreißig und hatte seine Jahre mit militärischer Kühnheit, Gewalttaten, Großmut und Schande verbracht. Selbst der nachsichtige Caesar, der ihn mochte, hatte sich über den Harem beiderlei Geschlechts, den sein General auch im Krieg immer mit sich führte, empört. Antonius war ein ungebildeter Aristokrat ohne Moral, derb, unbeherrscht und gewalttätig. Cicero, der sein Verhalten unter die Lupe nahm, fand durchaus Anlass für all seine Anschuldigungen.

In der Nähe von Modena stießen die beiden Heere aufeinander. Oktavian hatte geradezu unverschämtes Glück, da er als einziger General überlebte: Hirtius und Pansa waren gefallen, und Antonius, zum ersten Mal in seinem Leben besiegt, war geflohen. So kehrte der «kleine Junge» an der Spitze aller in Italien stehenden Truppen nach Rom zurück. Er begab sich in den Senat und verlangte seine Ernennung zum Konsul sowie die Aufhebung der Amnestie für die Verschwörer der Iden des März und deren Verurteilung zum Tode. Der Senat, der geglaubt hatte, ihn als Instrument benutzen zu können, war entsetzt und leistete Widerstand. Oktavian schickte Lepidus, einen anderen Statthalter Caesars, als Friedensbotschafter zu Antonius und vereinbarte mit den beiden das zweite Trium-

due il secondo triumvirato, mostrando anche così di aver messo a profitto la lezione dello zio. Il Senato chinò la testa ed ebbe agio di riflettere che il successore d'un dittatore fa sempre rimpiangere il predecessore.

Pattuglie di soldati furono dislocate a tutte le porte della città, e la gran vendetta ebbe inizio. Trecento senatori e duemila funzionari furono incolpati dell'assassinio, processati e uccisi, dopo il sequestro di tutti i loro beni. Venticinquemila dracme, circa centotrenta milioni di lire, era la taglia posta sulla testa di chi fuggiva. Ma i più preferirono uccidersi, e nel gesto ritrovarono lo stile dei grandi romani antichi. Il tribuno Salvio diede un banchetto, bevve il veleno, e la sua ultima volontà fu che il pranzo continuasse, presente il proprio cadavere. Lo accontentarono. Fulvia, la moglie di Antonio, fece impiccare sulla porta di casa l'innocente Rufo, solo perché costui non aveva voluto vendergliela. Suo marito non poté impedirglielo perché in quel momento era a letto con la moglie di Coponio, il quale in tal modo ebbe salva la vita.

Ma la preda più ghiotta, per Antonio, fu Cicerone, non solo perché aveva ancora nel gozzo le *Filippiche* del grande avvocato, ma anche perché doveva vendicare Clodio, di cui aveva sposato la vedova, e Lentulo, che Cicerone aveva fatto trucidare in galera al tempo di Catilina, e di cui Antonio era il figliastro. Il «Padre della Patria» aveva cercato di fuggire imbarcandosi ad Anzio. Ahimè, soffriva il mal di mare che gli parve peggiore della morte e lo costrinse a sbarcare a Formia. Le pattuglie di Antonio gli piombarono addosso. Cicerone vietò ai suoi servitori di tentare la resistenza, e offrì docilmente il collo. La sua testa decapitata

virat, womit er auch bewies, dass er aus der Lektion seines Onkels gelernt hatte. Der Senat beugte sich und konnte nun genügend über die Tatsache nachsinnen, dass der Nachfolger eines Diktators immer Anlass gibt, dem Vorgänger nachzuweinen.

An allen Stadttoren bezogen nun Soldatenpatrouillen Stellung, und das große Rachenehmen begann. Dreihundert Senatoren und zweitausend Beamte wurden des Mordes bezichtigt, vor Gericht gestellt und, nachdem ihre sämtlichen Güter beschlagnahmt worden waren, hingerichtet. Fünfundzwanzigtausend Drachmen, etwa hundertdreißig Millionen Lire, waren das Kopfgeld für jeden Flüchtigen. Die meisten zogen es jedoch vor, sich selbst umzubringen, ganz im Stil der großen Römer der Antike. Der Volkstribun Salvius gab ein Gastmahl und trank Gift, wobei es sein letzter Wille war, dass das Mahl in Gegenwart seines Leichnams weitergehen sollte. Sein Wunsch wurde erfüllt. Fulvia, die Frau des Antonius, ließ den unschuldigen Rufus an der Tür seines Hauses aufhängen, nur weil der sich geweigert hatte, es ihr zu verkaufen. Antonius hatte sie nicht daran hindern können, weil er gerade mit der Frau von Coponius im Bett lag, was ihm das Leben rettete.

Der größte Leckerbissen für Antonius war allerdings Cicero, nicht nur, weil ihm die *Philippiken* des grossen Advokaten noch im Halse steckten, sondern weil er auch Clodius rächen musste, dessen Witwe dieser geheiratet hatte, sowie Lentulus, den Cicero zur Zeit Catilinas im Gefängnis niedermetzeln ließ und dessen Stiefsohn Antonius war. Der «Vater des Vaterlandes» versuchte zu fliehen und schiffte sich in Anzio ein. Aber leider wurde er seekrank, was ihm schlimmer zu sein schien als der Tod, und ihn zwang, in Formia wieder an Land zu gehen. Die Patrouillen des Antonius fielen über ihn her. Cicero verbot seinen Dienern, Widerstand zu leisten und hielt gefügig seinen Hals hin. Sein abgeschlagener Kopf

fu portata insieme con la mano destra ai triumviri. Antonio ne tripudiò di gioia. Ottaviano s'indignò, o finse d'indignarsi. Non aveva mai avuto simpatia per Cicerone, che si era mostrato ambiguo verso lo zio, con gli assassini del quale aveva fatto lega dopo averlo esaltato da vivo. Quanto a lui, Ottaviano, lo aveva definito *laudandum adolescentem, ornandum, tollendum*. Sembravano elogi. Ma tollendum voleva dire non soltanto «da esaltare», ma anche «da uccidere». E nella bocca di Cicerone questi doppi sensi si sapeva benissimo come dovevano essere interpretati.

Così finì, vittima della propria oratoria, il più grande oratore di Roma.

Ora restavano da castigare i due principali colpevoli, Bruto e Cassio che, andati governatori rispettivamente di Macedonia e di Siria, avevano unito le loro forze e formato con esse l'ultimo esercito della Roma repubblicana, che non era destinato a lasciare un gran ricordo in quelle province. La Palestina, la Cilicia, la Tracia furono letteralmente spogliate. Intere popolazioni, specialmente ebree, che non avevano di che pagare i contributi, furono ridotte in schiavitù e vendute. La Virtù non impedì a Bruto di assediare, affamare e ridurre al suicidio in massa gli abitanti di Xanto. Le armate di Antonio e Ottaviano, quando giunsero, furono accolte come «liberatrici».

Lo scontro avvenne a Filippi nel settembre del 42. Bruto ruppe lo schieramento d'Ottaviano, ma Antonio sfondò quello di Cassio che si fece uccidere da un attendente. Ottaviano era a letto, dentro la tenda, con una delle sue solite influenze. Antonio aspettò che guarisse per gettarsi con lui all'inseguimento di Bruto. Questi, vedendo i suoi uomini sbandarsi, si

wurde zusammen mit seiner rechten Hand dem Triumvirat überbracht. Antonius jauchzte vor Wonne. Oktavian war entrüstet oder tat jedenfalls so. Er hatte nie besondere Sympathie für Cicero empfunden, der sich seinem Onkel gegenüber zwiespältig verhalten und sich sofort mit dessen Mördern verbündet hatte, nachdem er ihn zu Lebzeiten nicht genug hatte preisen können. Was ihn selbst, Oktavian, betraf, so schien er mit *laudandum adolescentem, ornandum, tollendum* lobende Worte für ihn gefunden zu haben, doch *tollendum* heißt nicht nur «lobpreisen», sondern auch «beseitigen». Und aus dem Munde Ciceros wusste man sehr genau, wie diese Doppeldeutigkeit zu verstehen war.

So endete der größte Redner Roms als Opfer seiner eigenen Redekunst.

Nun blieben noch die beiden Hauptschuldigen zu bestrafen, Brutus und Cassius, die als Statthalter von Mazedonien beziehungsweise Syrien ihre Heere vereinigt hatten und damit die letzte Armee des republikanischen Rom bildeten, welche in diesen Provinzen keine sehr gute Erinnerung hinterlassen sollte. Palästina, Kilikien und Thrakien wurden regelrecht ausgeplündert, ganze Völker, besonders hebräische, die ihre Tribute nicht bezahlen konnten, wurden versklavt und verkauft. Seine «Tugend» hinderte Brutus nicht daran, die Stadt Xanthos zu belagern und die Bewohner auszuhungern und massenhaft in den Selbstmord zu treiben. Infolgedessen wurden dann die Armeen von Antonius und Oktavian bei ihrer Ankunft wie «Befreier» empfangen.

Die Schlacht fand im September des Jahres 42 in Philippi statt. Brutus durchbrach die Reihen des Oktavian, aber Antonius durchstieß die des Cassius, der sich von einem Adjutanten töten ließ. Oktavian lag mit einer seiner üblichen Grippekrankheiten in seinem Zelt im Bett. Antonius wartete auf seine Genesung, um mit ihm die Verfolgung von Brutus aufzunehmen. Als der seine Leute die Flucht ergreifen sah,

avventò sulla spada di un amico restandovi infilzato. Antonio ne ricercò il cadavere, lo coprì pietosamente con la sua tunica di porpora. Si ricordava che Bruto aveva posto una sola condizione alla sua partecipazione al complotto contro Cesare: che Antonio venisse risparmiato.

A Filippi caddero, con la repubblica, i più bei nomi dell'aristocrazia che ne costituiva il puntello. Coloro che non vi trovarono la morte sul campo, la cercarono nel suicidio, come fecero il figlio di Ortensio e quello di Catone. Erano quanto restava di meglio dell'antico patriziato romano: per lo meno, si mostrarono sino all'ultimo soldati coraggiosi. A casa erano rimasti gl'imboscati e gl'intrallazzatori, gente disposta, pur di non faticare e rischiare, ad accettare tutto, anche la spartizione che i vincitori fecero del grande Impero. A Ottaviano toccò la fetta europea; a Lepido quella africana; Antonio scelse l'Egitto, la Grecia e il Medio Oriente. Ognuno di questi tre uomini sapeva che l'accomodamento era provvisorio; ognuno di essi, meno Lepido che si contentava, sperava di far fuori, prima o poi, gli altri due. Il più sicuro di riuscirci era Antonio, che credeva solo nella forza militare e sapeva di essere, come generale, superiore agli altri.

Egli mandò, come prima cosa, un messaggio a Cleopatra, ingiungendole di raggiungerlo a Tarso per rispondere alle accuse, che qualcuno le muoveva, di aver aiutato e finanziato Cassio. Cleopatra obbedì. Il giorno fissato per la sua comparsa, Antonio si dispose a riceverla dall'alto d'un maestoso trono in mezzo al Foro, dinanzi alla popolazione eccitata dall'imminente processo. Cleopatra giunse su una nave con le vele rosse, il rostro dorato, la chiglia laminata

stürzte er sich in das Schwert eines Freundes, das ihn durchbohrte. Antonius suchte den Leichnam, barmherzig bedeckte er ihn mit seiner purpurnen Tunika. Er erinnerte sich daran, dass Brutus für seine Beteiligung an der Verschwörung gegen Caesar als einzige Bedingung gestellt hatte, dass Antonius verschont bliebe.

Bei Philippi fielen mit der Republik die edelsten Namen der Aristokratie, die ihre Stütze waren. Wer von ihnen den Tod nicht schon auf dem Schlachtfeld gefunden hatte, suchte ihn im Selbstmord, wie Hortensius' und Catos Söhne. Sie waren das Beste, was von dem alten Patriziertum übrig war: Immerhin erwiesen sie sich bis zuletzt als tapfere Soldaten. Zu Hause geblieben waren Drückeberger und Geschäftemacher, Menschen, die, nur um sich nicht anstrengen zu müssen und um nichts aufs Spiel zu setzen, bereit waren, alles hinzunehmen, selbst die Aufteilung des großen Imperiums durch die Sieger. Oktavian fiel der europäische Teil zu, Lepidus der afrikanische, Antonius wählte Ägypten, Griechenland und Kleinasien. Jeder dieser drei Männer wusste, dass dies nur eine provisorische Lösung sein konnte, jeder von ihnen, mit Ausnahme von Lepidus, der zufrieden war, hoffte, früher oder später die beiden anderen zu erledigen. Antonius war sich seiner Sache am sichersten, weil er nur an die militärische Kraft glaubte und wusste, dass er als General den anderen überlegen war.

Als Erstes schickte er eine Botschaft an Kleopatra, worin er sie nach Tarsos bestellte, damit sie zu dem gegen sie erhobenen Vorwurf, sie habe Cassius geholfen und finanziert, Stellung nehme. Kleopatra gehorchte. Am festgesetzten Tag ihrer Ankunft traf Antonius Vorbereitungen, um sie vor dem gespannt auf das Bevorstehende wartenden Volk von der Höhe eines majestätischen Thrones inmitten des Forums herab zu empfangen. Kleopatra kam auf einem Schiff mit roten Segeln, vergoldetem Rammsporn und mit Silber beschlage-

d'argento. La ciurma era composta dalle sue cameriere vestite da ninfe che facevano corona a una canopia di *lamé* sotto la quale essa stessa giaceva in un provocante costume da Venere, intenta alle arie che intorno le suonavano con pifferi e flauti.

Quando la notizia di questa straordinaria apparizione sulle acque del fiume Cidno si sparse in città, tutti accorsero al porto, per vederla, come oggi accorrono per vedere Sofia Loren, lasciando Antonio solo e fuori dei gangheri. La mandò a chiamare. Essa gli fece rispondere che lo aspettava a bordo per pranzo. Furioso, Antonio andò, sempre considerando se stesso il giudice e lei l'accusata. Ma, vedendola, rimase di stucco. L'aveva conosciuta bimbetta ad Alessandria, poi non l'aveva più rivista, e ora se la ritrovava di fronte, donna fatta, e fatta in un certo modo che spiegava benissimo come mai perfino Cesare c'era rimasto impigliato. I suoi generali erano già tutti rimbambolati ai piedi di lei. All'aperitivo, egli cominciò ad accusarla burbanzosamente. Alla frutta, le aveva regalato la Fenicia, Cipro e grossi bocconi dell'Arabia e della Palestina. Essa lo ricompensò quella notte stessa, e i generali dovettero contentarsi delle ninfe. Poi se lo rimorchiò ad Alessandria, dov'egli sembrò aver del tutto dimenticato la provvisorietà della sua condizione. Cleopatra invece se ne rendeva conto benissimo. Essa sapeva che l'Impero non tollerava tre padroni. Non amava Antonio, forse non aveva mai amato nessuno. Ma pensò di farne lo strumento del colpo che non le era riuscito con Cesare.

Mentre questo avveniva ad Alessandria, Ottaviano, a Roma, gettava le basi della riunificazione. Il compito non era facile. Sesto Pompeo, in Spagna, aveva ricominciato ad agitarsi e bloccava i rifornimenti, la di-

nem Kiel. Die Mannschaft bestand aus ihren als Nymphen gekleideten Dienerinnen, die im Kreis um einen Baldachin aus Lamé standen, unter dem Kleopatra in einem aufreizenden Venusgewand lag und den Pfeifen- und Flötenklängen um sie herum lauschte.

Als die Nachricht von dieser außergewöhnlichen Erscheinung auf dem Fluss Kydnos sich in der Stadt verbreitete, ließen alle den wütenden Antonius stehen und liefen zum Hafen, um sie zu sehen – so, wie sie heute herbeilaufen, um Sophia Loren zu sehen. Antonius schickte nach ihr. Sie ließ ihm ausrichten, dass sie ihn zum Mahle an Bord erwarte. Zornig machte sich Antonius auf den Weg, sich selbst immer noch als Richter und sie als Angeklagte betrachtend. Doch bei ihrem Anblick war er wie vom Donner gerührt. Er hatte sie in Alexandria als kleines Mädchen erlebt und seither nicht mehr gesehen; nun stand er vor einer vollendeten Frau, vollendet in einer Weise, die sehr gut erklärte, warum sogar Caesar in ihren Bann gezogen worden war. Antonius' Generale saßen bereits wie erstarrt zu ihren Füßen. Beim Aperitif machte er ihr noch überheblich Vorwürfe. Beim Nachtisch hatte er ihr Phönizien, Zypern und fette Brocken Arabiens und Palästinas geschenkt. Sie entlohnte ihn dafür noch in derselben Nacht, die Generale mussten sich mit den Nymphen begnügen. Dann schleppte sie ihn nach Alexandria, wo er das Provisorische seiner Lage schließlich völlig vergessen zu haben schien. Kleopatra hingegen war sich dessen sehr wohl bewusst. Ihr war klar, dass das Imperium keine drei Herren duldete. Sie liebte Antonius nicht, vielleicht hatte sie ja niemanden je geliebt. Aber sie wollte ihn zum Instrument eines Staatsstreiches machen, was ihr bei Caesar nicht gelungen war.

Während sich dies in Alexandria abspielte, legte Oktavian den Grundstein für die Vereinigung. Die Aufgabe war nicht leicht. Sextus Pompeius in Spanien muckte wieder auf und

soccupazione dilagava, l'inflazione minacciava, il Senato faceva la fronda e bisognava comprarlo volta per volta. Per di più la moglie di Antonio, Fulvia, forse per sottrarre il marito alle stregonerie di Cleopatra richiamandolo a Roma, organizzò un complotto col fratello di lui, Lucio. Essi arruolarono un esercito e lanciarono un appello di rivolta agl'italiani. Dovette intervenire Marco Agrippa, il più fidato luogotenente di Ottaviano, per soffocare il tentativo. Lucio si arrese a Perugia. Fulvia morì di rabbia, di delusione e di gelosia.

Cleopatra vide in questo avvenimento il pretesto per spingere Antonio a giocare la gran carta. Egli adunò l'esercito, lo imbarcò sulla flotta. E, sbarcato a Brindisi, vi assediò la guarnigione di Ottaviano. Ma i soldati si rifiutarono di battersi dall'una e dall'altra parte, obbligando i loro generali a far pace. Essa fu saldata con un matrimonio: quello di Antonio con la sorella di Ottaviano, Ottavia, una donna perbene, da cui era pazzia sperare che quello scavezzacollo si lasciasse imbrigliare.

La storia non ha registrato le reazioni di Cleopatra a questo episodio che mandava in fumo tutti i suoi piani. Antonio, lontano da lei, sembrò aver ritrovato un po' di ragionevolezza. Condusse la sposa ad Atene, dove essa, donna istruita, lo portò a visitare i musei e ad ascoltare le lezioni dei filosofi, nella speranza di fargli prendere gusto alla cultura. Antonio fingeva di guardare e di ascoltare. In realtà pensava a Cleopatra e alla guerra, le uniche due cose al mondo che gli piacessero veramente. Forse rifletté che, delle due, la guerra era meno pericolosa. E, stanco di perbenismo e di virtù casalinghe, rimandò Ottavia a Roma e si avviò col suo esercito contro la Persia dove Labieno,

blockierte die Versorgung; Arbeitslosigkeit breitete sich aus, die Inflation stieg bedrohlich, der Senat opponierte und musste von Mal zu Mal erneut gekauft werden. Damit nicht genug, rief Fulvia – vielleicht um ihn der Verhexung durch Kleopatra zu entziehen – den Gatten nach Rom zurück und organisierte ein Komplott mit seinem Bruder Lucius. Sie stellten ein Heer zusammen und riefen die Italiener zur Rebellion auf. Marcus Agrippa, der zuverlässigste Statthalter Oktavians, musste einschreiten, um den Aufstand im Keim zu ersticken. Lucius ergab sich in Perugia. Fulvia starb aus Wut, Enttäuschung und Eifersucht.

Für Kleopatra war dieses Ereignis der Vorwand, Antonius dazu zu bewegen, die große Karte zu spielen. Er versammelte das Heer und schiffte es ein. In Brundisium gelandet, belagerte er die Garnison Oktavians. Doch auf der einen wie auf der anderen Seite weigerten sich die Soldaten zu kämpfen und zwangen ihre Generale, Frieden zu schließen. Dieser wurde durch eine Heirat besiegelt. Antonius heiratete Oktavia, die Schwester Oktavians, eine ehrbare Frau. Es wäre allerdings verrückt gewesen, zu erwarten, dass dieser Draufgänger sich hätte zügeln lassen.

Die Reaktion Kleopatras auf dieses Ereignis, das all ihre Pläne in Rauch aufgehen ließ, hat die Geschichte nicht überliefert. Es schien, als ob Antonius, fern von ihr, wieder etwas Vernunft angenommen hätte. Er führte die Braut nach Athen, wo die gebildete Frau ihn in Museen oder zu Vorträgen von Philosophen führte, in der Hoffnung, er würde Geschmack an Kultur finden. Antonius gab vor, hinzusehen oder zuzuhören. In Wirklichkeit aber dachte er nur an Kleopatra und an den Krieg, die einzigen Dinge auf der Welt, die ihm wirklich Spaß machten. Vielleicht fand er auch, dass Krieg das weniger Gefährliche von den beiden war. Der Anständigkeit und häuslichen Tugend schließlich müde, schickte er Oktavia zurück nach Rom und zog mit seinem Heer nach Persien, wo

figlio del generale traditore di Cesare, stava organizzando un'armata al servizio di quel re ribelle. Cleopatra raggiunse Antonio ad Antiochia, disapprovò l'impresa, si rifiutò di finanziarla, ma vi seguì l'amante. Questi corse inutilmente dietro al nemico per cinquecento chilometri, perse buona parte dei suoi centomila uomini, impose un teorico vassallaggio sull'Armenia, si proclamò vincitore, offrì a se stesso un solenne trionfo ad Alessandria scandalizzando Roma che si riteneva unica depositaria di quelle cerimonie, mandò un'intimazione di divorzio a Ottavia rompendo così l'unico vincolo che tuttora lo legava a Ottaviano, sposò Cleopatra, dando in dote tutto il Medio Oriente ai due figli che aveva avuto da lei, e nominò Cesarione principe ereditario di Egitto e Cipro.

Così egli stesso rese inevitabile il conflitto con Ottaviano che lo andava preparando con la sua abituale e cauta tenacia. Anche lui aveva avuto le sue complicazioni sentimentali. Si era innamorato, figuratevi, di una donna incinta di cinque mesi, Livia, la moglie di Tiberio Claudio Nerone. Si era già sposato due volte, prima di allora, sebbene fosse sotto i trenta: prima con Claudia, poi con Scribonia che gli aveva dato una figlia: Giulia. Ora divorziò anche da questa seconda sposa e persuase amichevolmente Tiberio Claudio Nerone a fare altrettanto con Livia, per prendersela lui, con due figli: Tiberio, già grandicello, e Druso che stava per nascere. Li adottò come fossero stati suoi.

Ma, liquidate queste pendenze coniugali, si era messo di buzzo buono al lavoro di ricostruzione. Il blocco di Sesto fu eliminato con la distruzione della sua flotta, l'ordine fu ristabilito, una rinata

Labienus, der Sohn jenes Generals, der Caesar verraten hatte, gerade ein Heer für den rebellischen König aufstellte. Kleopatra begab sich zu Antonius nach Antiochia. Sie missbilligte zwar das Unternehmen und weigerte sich, es zu finanzieren, folgte dem Geliebten jedoch. Dieser lief über fünfhundert Kilometer vergeblich dem Feind hinterher, verlor einen Großteil seiner hunderttausend Mann, erklärte Armenien theoretisch zum Vasallenstaat, rief sich zum Sieger aus und gönnte sich einen feierlichen Triumph in Alexandria, womit er Rom empörte, das die Berechtigung für solche Zeremonien für sich allein in Anspruch nahm. Er schickte eine Scheidungsklage an Oktavia und durchschnitt so das einzige Band, das ihn noch an Oktavian knüpfte, heiratete Kleopatra, gab den beiden Kindern, die er von ihr hatte, ganz Kleinasien als Mitgift und ernannte Caesarion zum Erbprinzen Ägyptens und Zyperns.

Damit hatte er die Auseinandersetzung mit Oktavian unvermeidlich gemacht, der sie mit seiner gewohnten und umsichtigen Zähigkeit vorbereitete. Auch er hat so seine Verwicklungen in Herzensangelegenheiten gehabt. Er hatte sich nämlich – man stelle sich das mal vor – in eine Frau verliebt, die im fünften Monat schwanger war, in Livia, die Ehefrau von Tiberius Claudius Nero. Davor war er – obwohl noch keine dreißig – schon zweimal verheiratet gewesen. Zuerst mit Claudia, dann mit Scribonia, die ihm die Tochter Julia geschenkt hat. Nun ließ er sich auch von der zweiten Frau scheiden und überredete Tiberius Claudius Nero in aller Freundschaft, es ebenso mit Livia zu halten, damit er, Oktavian, sie zur Frau nehmen könne, mitsamt den beiden Söhnen, Tiberius, der schon etwas größer war, und Drusius, der bald geboren werden sollte. Er adoptierte die Kinder und behandelte sie wie seine eigenen.

Nachdem diese ehelichen Schwebezustände beseitigt worden waren, machte er sich eifrig an die Arbeit des Wiederaufbaus. Mit der Vernichtung der Flotte von Sextus wurde die Blockade aufgehoben und die Ordnung wieder hergestellt.

fiducia disgelò i capitali imboscati. Marco Agrippa, oltre che un buon generale, si rivelò un ministro della Guerra incomparabile. Egli fu il vero riorganizzatore del grande esercito che doveva riportare l'unità di comando nell'Impero romano.

Ein neu erwachtes Vertrauen brachte versteckte Kapitalien wieder ans Licht. Marcus Agrippa erwies sich nicht nur als guter General, sondern auch als unvergleichlicher Kriegsminister. Er war der wahre Reorganisator des großen Heeres, das die Einheit in der Führung des römischen Imperiums wiederherstellen sollte.

Nella primavera dell'anno 32 avanti Cristo giunse a Roma un messo di Antonio con una lettera al Senato in cui il triumviro proponeva ai suoi due colleghi di deporre tutti insieme il potere e le armi e di ritirarsi a vita privata dopo aver restaurato le istituzioni repubblicane. Ci pare impossibile che uno scervellato di quella fatta abbia potuto concepire una mossa così accorta. Ci doveva essere lo zampino di Cleopatra.

Ottaviano si trovò nei pasticci. Per superarli, egli tirò fuori il testamento di Antonio, dicendo di averlo avuto dalle Vestali che lo tenevano in custodia. Esso designava suoi soli eredi i figli avuti da Cleopatra e costei reggente. Abbiamo molti dubbi sull'autenticità di quel documento. Ma esso servì a confermare i sospetti che tutta Roma nutriva per quell'intrigante e permise a Ottaviano di bandire una guerra d'«indipendenza», che con molta perspicacia egli non dichiarò ad Antonio, ma a Cleopatra.

Fu una guerra di mare. Le due flotte si scontrarono ad Azio. E quella di Ottaviano, comandata da Agrippa, sebbene inferiore come unità, mise in rotta quella avversaria che ripiegò in disordine su Alessandria. Ottaviano non la inseguì. Sapeva che il tempo lavorava per lui e che più Antonio restava in Egitto, e più vi si logorava in orge e mollezze. Sbarcò ad Atene per rimettere ordine nelle cose di Grecia. Tornò in Italia a sedarvi una rivolta. Poi la prese larga, dall'Asia, per distruggere le alleanze che vi aveva lasciato Antonio, isolandolo. Alla fine mosse verso Alessandria, e per strada ricevette tre lettere: una di Cleopatra unita a uno scettro e a

Im Frühjahr des Jahres 32 v. Chr. traf in Rom ein Bote von Antonius mit einem Brief an den Senat ein, in dem der Triumvir seinen beiden Kollegen vorschlug, Macht und Waffen gemeinsam niederzulegen und sich nach Wiederherstellung der republikanischen Institutionen ins Privatleben zurückzuziehen. Man kann es kaum glauben, dass ein solcher Wirrkopf sich einen so wohl überlegten Schachzug hatte ausdenken können. Da musste doch wohl Kleopatra ihre Hand im Spiel haben.

Oktavian saß in der Patsche. Um sich daraus zu befreien, zog er das Testament des Antonius hervor, das er angeblich von den Vestalinnen, die es in Gewahrsam hatten, bekommen hatte. Es bestimmte als einzige Erben die Kinder, die Antonius mit Kleopatra hatte, und sie selbst als Regentin. Wir haben große Zweifel an der Echtheit des Dokuments. Aber es bestätigte den Verdacht, den ganz Rom gegenüber dieser Intrigantin hegte, und der es Oktavian erlaubte, einen «Unabhängigkeitskrieg» zu verkünden, den er äußerst geschickt nicht Antonius, sondern Kleopatra erklärte.

Es war ein Seekrieg. Die beiden Flotten stießen in Actium aufeinander. Obwohl zahlenmäßig unterlegen, vernichtete die von Agrippa angeführte Flotte Oktavians die gegnerische, die sich zerstreute und sich nach Alexandria zurückzog. Oktavian verfolgte sie nicht. Er wusste, dass die Zeit für ihn arbeitete, denn je länger Antonius in Ägypten blieb, desto mehr würde er sich in Orgien und Lotterleben verschleißen. In Athen ging er an Land, um in Griechenland wieder Ordnung herzustellen, kehrte nach Italien zurück, um einen Aufstand zu unterdrücken, holte dann weit aus und griff von Asien aus an, um die Verbindungen, die er Antonius dort noch gelassen hatte, zu zerstören und ihn zu isolieren. Schließlich zog er in Richtung Alexandria. Unterwegs erreichten ihn drei Briefe:

una corona, pegni di sottomissione; e due di Antonio che impetrava pace. A lui non rispose. A lei replicò che le avrebbe lasciato il trono se uccideva il suo amante. Dato il tipo, stupiamo ch'essa non lo abbia fatto.

Col coraggio della disperazione, Antonio lanciò un attacco e ottenne una parziale vittoria, che non impedì a Ottaviano di chiudere la città in una morsa. Ma il giorno dopo i mercenari di Cleopatra si arresero e ad Antonio giunse notizia che la regina era morta. Cercò di uccidersi con un colpo di pugnale. E quando, agonizzante, seppe ch'essa era invece ancora viva, si fece trasportare nella torre dove si era barricata con le sue ancelle, e fra le sue braccia spirò. Cleopatra chiese a Ottaviano il permesso di seppellire il cadavere e di accordarle un'udienza. Ottaviano glielo concesse. Essa si presentò a lui come si era presentata ad Antonio: profumata, bistrata e ammantata solo di regali veli. Ahimè, sotto quei veli c'era ora una donna di quarant'anni, non più di ventinove, e si vedevano tutti. Il suo naso aveva smesso di trovar compensi nella freschezza delle carni e nella luminosità del sorriso. Augusto non ebbe bisogno di ricorrere a una gran forza di carattere per trattarla con freddezza e annunziarle che l'avrebbe condotta a Roma come ornamento del suo carro di trionfatore. Forse, più che come regina, Cleopatra si sentì perduta come donna: e fu questo che la spinse al suicidio. S'incollò un'aspide al seno e se ne lasciò avvelenare, imitata dalle sue ancelle.

Ottaviano liquidò l'eredità sua e di Antonio con un «tatto» da cui si può ricostruire tutto il suo carattere. Concesse che i due cadaveri venissero seppelliti l'uno accanto all'altro. Ammazzò il giovane

einer von Kleopatra, zusammen mit einem Zepter und einer Krone als Pfand der Unterwerfung; zwei von Antonius, der um Frieden flehte. Ihm antwortete er nicht. Ihr antwortete er, dass er ihr den Thron überließe, wenn sie ihren Liebhaber tötete. So, wie wir sie kennen, sind wir erstaunt, dass sie es nicht tat.

Mit dem Mut der Verzweiflung griff Antonius an und erzielte einen Teilsieg, was Oktavian nicht hinderte, die Stadt zu umzingeln. Am nächsten Tag ergaben sich jedoch Kleopatras Söldner. Antonius erreichte die Nachricht, die Königin sei tot. Mit einem Dolchstoß versuchte er sich selbst zu töten. Als er sterbend jedoch erfuhr, dass sie noch am Leben war, ließ er sich zu dem Turm bringen, in dem sie sich mit ihren Dienerinnen verbarrikadiert hatte. In ihren Armen hauchte er sein Leben aus. Kleopatra bat Oktavian um die Erlaubnis, seinen Leichnam begraben zu dürfen, und darum, ihr selbst eine Audienz zu gewähren. Oktavian gestand ihr beides zu. Sie erschien vor ihm genauso, wie sie sich Antonius vorgestellt hatte: parfümiert, stark geschminkt und nur in prächtige Schleier gehüllt. Leider verbarg sich unter diesen Schleiern jetzt keine Frau von neunundzwanzig mehr, sondern eine Frau von vierzig – und man sah es ihr an. Ihre Nase wurde nicht mehr durch die jugendliche Frische ihres Fleisches und das strahlende Lächeln ausgeglichen. Augustus brauchte nicht viel Willensstärke, um sie kühl zu behandeln und ihr mitzuteilen, dass er sie als Zierde für seinen Triumphwagen nach Rom bringen wollte. Kleopatra fühlte sich vielleicht weniger als Königin denn als Frau verloren – und das war es, was sie in den Selbstmord trieb. Sie legte sich eine Natter an die Brust und ließ sich vergiften, ihre Dienerinnen taten es ihr nach.

Oktavian regelte ihr und Antonius' Erbe mit so viel «Taktgefühl», dass sich daraus Rückschlüsse auf seinen Charakter ziehen lassen. Er gestattete, dass die beiden Leichname nebeneinander begraben wurden, brachte den jungen Caesarion um

Cesarione, mandò i figli dei due defunti ad Ottavia, che li allevò come se fossero stati suoi, dell'Egitto si proclamò re per non umiliarlo proclamandolo provincia romana, ne intascò l'immenso tesoro, vi lasciò un prefetto, tornò a casa; quietamente fece sopprimere anche il maggiore dei figli avuti da Antonio con Fulvia. E con la tranquilla coscienza di chi avesse compiuto con quegl'infanticidi il proprio dovere, si rimise al lavoro.

Aveva appena trentun anni in quel momento, e si ritrovava padrone assoluto di tutta l'eredità di Cesare. Il Senato non aveva più né la voglia né la forza di contestargliela, e solo per cautela egli non gli chiese l'investitura al trono. Gliel'avrebbero data. Ma Ottaviano conosceva il peso delle parole e sapeva che quella di re era sgradita. Perché risvegliare certi ùzzoli che ormai sonnecchiavano nelle coscienze intorpidite? I romani avevano smesso di credere alle istituzioni democratiche e repubblicane perché ne conoscevano la corruzione, ma tenevano alle forme. Essi domandavano ordine, pace, sicurezza, una buona amministrazione, una moneta sana e i risparmi garantiti. E Ottaviano si accinse a darglieli.

Con l'oro riportato d'Egitto liquidò l'esercito, che contava mezzo milione di uomini e costava troppo, trattenendone duecentomila in servizio, dei quali si proclamò *imperator*, titolo puramente militare, e accasando gli altri come contadini in terre comprate apposta; annullò i debiti dei privati verso lo stato; e diede l'avvio a grandi opere pubbliche. Ma questi furono soltanto i primi passi, e i più facili. Come Cesare, Ottaviano non mirava soltanto ad amministrare, ma voleva compiere una gigantesca riforma che rifondesse tutta la società sul modello disegna-

und schickte die Kinder der beiden Verstorbenen zu Oktavia, die sie aufzog wie die ihren; er ernannte sich zum König von Ägypten, um es nicht zu demütigen, indem er es als römische Provinz ausrief, steckte den riesigen Schatz ein, ließ einen Präfekten dort zurück und kehrte heim; hier ließ er seelenruhig noch den ältesten Sohn von Antonius, den dieser mit Fulvia hatte, beseitigen. Ruhigen Gewissens, als habe er mit diesen Kindesmorden seine Pflicht erfüllt, machte er sich an die Arbeit.

Er war damals erst einunddreißig Jahre alt und absoluter Herr über das gesamte Erbe Caesars. Der Senat hatte weder Lust noch Kraft, es ihm streitig zu machen. Nur aus Vorsicht forderte Oktavian nicht seine Ernennung zum König. Sie wäre ihm gewährt worden. Aber er kannte das Gewicht von Worten und wusste, dass das Wort «König» nicht gut ankam. Warum schlummernde Gelüste in inzwischen abgestumpften Gewissen wecken? Die Römer hatten zwar aufgehört, an demokratische und republikanische Einrichtungen zu glauben, weil sie um die Korruption wussten, hielten aber an den Formen fest. Sie forderten Ordnung, Frieden, Sicherheit, eine gute Verwaltung, eine gesunde Währung und Garantie für ihre Ersparnisse. Oktavian schickte sich an, ihnen all das zu geben.

Mit dem aus Ägypten mitgebrachten Gold entlohnte er das Heer, das eine halbe Million Mann zählte, und zu teuer war; zweihunderttausend behielt er in seinen Diensten, ernannte sich zu ihrem *imperator* – ein rein militärischer Titel – und siedelte die anderen als Bauern auf eigens für sie erworbenem Boden an. Er strich alle Privatschulden gegenüber dem Staat und machte sich an große öffentliche Aufgaben. Das waren allerdings nur die ersten und einfachsten Schritte. Wie Caesar wollte auch Oktavian nicht nur verwalten, sondern eine umfassende Reform auf den Weg bringen, die die ganze Gesellschaft nach dem von seinem Onkel entworfenen Modell neu

to dallo zio. Per far questo, gli occorreva una burocrazia, di cui egli fu il vero inventore. Intorno a sé, formò una specie di gabinetto ministeriale, composto di tecnici, nella cui scelta ebbe la mano felice. C'era un grande organizzatore come Agrippa, un gran finanziere come Mecenate, e vari generali, fra i quali fece presto spicco il figliastro Tiberio.

Poiché costoro appartenevano quasi tutti alla grande borghesia, e gli aristocratici si lamentavano d'esserne esclusi, Ottaviano scelse una ventina di loro, tutti senatori, e ne fece una specie di Consiglio della Corona, che piano piano diventò il portavoce del Senato e ne vincolò la decisioni. L'Assemblea o Parlamento continuò a riunirsi e a discutere, ma sempre con meno frequenza e senza mai un tentativo di bocciare qualche proposta di Ottaviano. Questi concorse regolarmente al consolato per tredici volte, e naturalmente altrettante volte vinse. Nel 27 d'improvviso rimise tutti i suoi poteri al Senato, proclamò la restaurazione della repubblica e annunciò che voleva ritirarsi a vita privata. Non aveva che trentacinque anni in quel momento e l'unico titolo che aveva accettato era quello, nuovo, di *principe*. Il Senato rispose abdicando a sua volta e rimettendo a lui tutti i suoi poteri, supplicandolo di assumerli e conferendogli quell'appellativo di *Augusto*, che voleva dire letteralmente «l'aumentatore» ed era un aggettivo, ma poi nell'uso diventò un sostantivo. E Ottaviano vi consentì con aria rassegnata. Fu una scena perfettamente recitata da ambedue le parti e dimostrò che ormai la fronda conservatrice e repubblicana era finita: anche gli orgogliosi senatori preferivano un padrone al caos.

Ma il padrone seguitò a mostrarsi discreto nel-

gestalten sollte. Dazu benötigte er eine Bürokratie, deren tatsächlicher Erfinder er war. Er bildete um sich herum eine Art Ministerkabinett, bestehend aus Fachleuten, bei deren Auswahl er eine glückliche Hand hatte. Zu ihnen gehörten ein großer Organisator wie Agrippa, ein großer Finanzfachmann wie Maecenas sowie etliche Generale, unter denen sich bald sein Stiefsohn Tiberius hervortat.

Da sie fast alle dem Bürgertum angehörten und die Aristokraten sich beschwerten, dass sie ausgeschlossen seien, wählte Oktavian etwa zwanzig von ihnen aus, alles Senatoren, und bildete eine Art Kronrat, der allmählich zum Sprachrohr des Senats wurde und dessen Entscheidungen bestimmte. Volksversammlung und Parlament traten zwar weiterhin zu Debatten zusammen, jedoch in immer größeren Abständen und ohne je den Versuch zu machen, einen Vorschlag Oktavians durchfallen zu lassen. Dieser stellte sich regelmäßig, und zwar dreizehn Mal, zur Wahl für das Amt des Konsuls und gewann natürlich ebenso oft. Im Jahre 27 gab er plötzlich alle seine Vollmachten dem Senat zurück, rief die Republik wieder aus und kündigte an, sich ins Privatleben zurückziehen zu wollen. Er war damals erst fünfunddreißig Jahre alt und hatte als einzigen den neuen Titel des *princeps* angenommen. Der Senat antwortete auf diesen Beschluss, indem er seinerseits abdankte, alle Macht an Oktavian zurückgab und ihn anflehte, sie wieder anzunehmen; man verlieh ihm den Titel *Augustus*, was wörtlich «der Erhabene» bedeutet und eigentlich ein Adjektiv ist, doch dann im Gebrauch zum Substantiv wurde. Mit ergebener Miene willigte Oktavian ein. Beide Seiten haben ihre Rolle perfekt gespielt, und das bewies, dass die konservative und republikanische Opposition zu Ende war. Selbst die stolzesten Senatoren zogen dem Chaos einen Herrn vor.

Aber der Herr zeigte sich weiterhin vorsichtig im Um-

l'uso dei suoi poteri. Abitava il palazzo di Ortensio, ch'era molto bello, ma non lo trasformò in una reggia, e come appartamento personale si riservò una piccola stanza al pianterreno con uno studio, monacalmente arredati. Anche quando, tanti anni dopo, l'edificio andò in rovina per un incendio ed egli ne costruì un altro uguale, tenne a che gli rifacessero identiche quelle due stanze. Perché era abitudinario, sobrio e ligio agli orari. Lavorava duro, considerandosi il primo servitore dello stato. E scriveva tutto: non solo i discorsi che doveva pronunciare in pubblico, ma anche quelli che teneva in casa, con la moglie e i familiari. Bisognerà aspettare Francesco Giuseppe d'Austria, cui in molte cose somiglia, per trovare nella storia un sovrano altrettanto ligio al dovere, rispettabile, prosaico, poco amabile e sfortunato negli affetti domestici.

Questi erano rappresentati da Giulia, la figlia avuta da Scribonia; da Livia, la sua terza moglie; e dai due figliastri che costei gli aveva portato in casa: Druso e Tiberio. Livia fu, come moglie, inappuntabile, anche se un po' noiosa col suo ostentato virtuismo. Educò bene i ragazzi, fece molta beneficenza, e portò con disinvoltura le corna che suo marito via via le faceva. Tutto lascia credere ch'essa teneva, più che all'amore, al potere di Augusto e alla carriera dei figli, che infatti la fecero alla svelta. Generali a vent'anni, furono mandati a soggiogare l'Illiria e la Pannonia. Augusto, che realizzò la *pax romana,* rinunziò presto alla guerra e a nuove annessioni. Ma voleva garantire i confini dell'Impero, continuamente minacciati. Druso, il suo preferito, li spostò dal Reno all'Elba

gang mit seiner Macht. Er wohnte im Palast des Hortensius, der sehr schön war, den er aber nicht in ein Königsschloss umwandelte. Er wählte für sich ein wie eine Mönchszelle ausgestattetes kleines Zimmer im Erdgeschoss und ein Arbeitszimmer. Selbst viele Jahre später, als das Gebäude bei einem Brand zerstört wurde und er es genauso wieder aufbauen ließ, legte er Wert darauf, dass diese beiden Räume wieder so hergestellt würden. Denn er war ein Gewohnheitsmensch, bescheiden und äußerst pünktlich. Er arbeitete hart und betrachtete sich als ersten Diener des Staates. Er schrieb alles auf, nicht nur die Reden, die er in der Öffentlichkeit halten musste, sondern auch die Gespräche, die er zu Hause mit seiner Frau und den Familienmitgliedern führte. Man wird bis zu dem ihm in vielem ähnelnden Franz Joseph von Österreich warten müssen, um in der Geschichte wieder einen Monarchen zu finden, der ebenso pflichtbewusst, ehrbar, prosaisch, wenig liebenswert und glücklos in familiären Beziehungen war.

Zu seiner Familie gehörten Julia, die Tochter, die er mit Scribonia hatte, Livia, seine dritte Gemahlin, und die beiden Stiefsöhne, Drusus und Tiberius, die diese in die Ehe mitgebracht hatte. Livia war als Gattin mustergültig, wenn auch mit ihrer zur Schau getragenen Tugendhaftigkeit ein wenig langweilig. Sie erzog die Kinder gut, widmete sich der Wohltätigkeit und ertrug mit Gleichmut die Hörner, die ihr Gemahl ihr nach und nach aufsetzte. All das lässt vermuten, dass sie mehr Wert auf die Macht als auf die Liebe von Augustus legte, und auf die Karriere der Kinder, die diese tatsächlich zügig vorantrieben. Mit zwanzig Jahren waren sie schon Generale und wurden losgeschickt, Illyrien und Pannonien zu unterjochen. Augustus, der die *pax romana* verwirklichte, verzichtete bald auf Krieg und neue Eroberungen. Doch wollte er die ständig bedrohten Grenzen des Imperiums schützen. Um sie sicherer zu machen, versetzte Drusus, sein Lieb-

per renderli più sicuri, battendo brillantemente i germani. Ma cadde da cavallo e si ferì gravemente. Tiberio, che lo adorava e si trovava in Gallia, galoppò quattrocento miglia per raggiungerlo e fece in tempo a chiudergli gli occhi. Augusto fu scosso dalla morte di quel ragazzo allegro, impetuoso ed espansivo, di cui pensava di fare il proprio successore. Ora sperò che Giulia gli desse un altro erede.

Era lei, quella ragazza vivace, sensuale e scorbellata, il suo occhio destro. A quattordici anni l'aveva sposata a Marcello, il figlio di sua sorella Ottavia, la vedova di Antonio. Ma Marcello era morto poco dopo, e Giulia era diventata la «vedova allegra» di Roma. Si divertiva non solo a farle, ma anche a raccontarle. E suo padre, che aveva cominciato a emanare leggi per il ristabilimento della morale, pensò di rimetterla sulla buona strada con un altro marito: quel Marco Agrippa, ministro della Guerra, che, dopo avergli dato la vittoria ad Azio, era diventato il suo più fidato e abile collaboratore. Gran gentiluomo, gran soldato, grande ingegnere, egli aveva pacificato la Spagna e la Gallia, riorganizzato i commerci, costruito strade, ed era l'unico pezzo grosso di cui non si mormorasse nemmeno che ci speculava sopra. Augusto, che aveva la stoffa del «pianificatore» e si riteneva in diritto di regolare anche la felicità altrui, non si curò del fatto ch'egli avesse quarantadue anni, mentre Giulia ne aveva diciotto, e fosse il marito di una moglie che lo rendeva felice. Gl'impose il divorzio e le nuove nozze.

La coppia non poteva essere peggio assortita, sebbene mettesse al mondo cinque figli, che stranamente somigliavano ad Agrippa. Quando sfron-

ling, sie durch einen glänzenden Sieg über die Germanen vom Rhein an die Elbe. Er stürzte jedoch vom Pferd und verletzte sich schwer. Tiberius, der ihn vergötterte, befand sich gerade in Gallien; er galoppierte vierhundert Meilen, um zu ihm zu gelangen und kam gerade noch rechtzeitig, um ihm die Augen zu schließen. Augustus war erschüttert vom Tod dieses fröhlichen, draufgängerischen und offenherzigen Jungen, den er zu seinem Nachfolger machen wollte. Nun hoffte er, dass Julia ihm einen anderen Erben schenken würde.

Das lebhafte, leidenschaftliche und burschikose Mädchen war sein Augapfel. Mit vierzehn hatte er sie mit Marcellus, dem Sohn seiner Schwester Oktavia, der Witwe des Antonius, verheiratet. Doch Marcellus starb kurze Zeit darauf, und Julia wurde zur «lustigen Witwe» Roms. Dies zu sein, bereitete ihr ebenso viel Vergnügen, wie davon zu erzählen. Ihr Vater, der gerade Gesetze zur Wiederherstellung der Moral erlassen hatte, glaubte sie mit einem neuen Ehemann wieder auf den rechten Weg bringen zu können, und zwar mit jenem Marcus Agrippa, seinem Kriegsminister, der nach dem Sieg von Actium sein zuverlässigster und fähigster Mann geworden war. Großer Ehrenmann, großer Soldat und großer Ingenieur, der er war, hatte er Spanien und Gallien befriedet, den Handelsverkehr neu organisiert und Straßen gebaut – er war das einzige «große Tier», über das man nicht einmal munkelte, er habe daraus Profit geschlagen. Augustus, der sich zum «großen Pläneschmied» berufen fühlte und sich das Recht herausnahm, auch das Glück anderer zu regeln, scherte sich wenig darum, dass Julia erst achtzehn und dieser zweiundvierzig Jahre alt und mit einer Frau verheiratet war, die ihn glücklich machte. Er zwang ihn zur Scheidung und zu einer neuen Heirat.

Das Paar konnte nicht schlechter zusammenpassen, obwohl es fünf Kinder in die Welt setzte, die sonderbarerweise alle Agrippa ähnelten. Fragte man Julia unverblümt

tatamente ne chiesero la spiegazione a Giulia, questa rispose altrettanto sfrontatamente: «Io non faccio salire nuovi marinai sulla nave che quando è già carica». Otto anni dopo Agrippa morì, e Giulia ridiventò la «vedova allegra» di Roma. Di nuovo Augusto volle porvi rimedio e le impose un terzo matrimonio: con Tiberio stavolta, in cui vedeva ora, o in cui Livia gli faceva vedere, un possibile reggente dell'Impero fin quando non fossero stati maggiorenni i figli di Giulia, Gaio e Lucio. Anche Tiberio era già sposato, e precisamente con la figlia di Agrippa, Vipsania, che lo rendeva felice. Ma questa felicità non coincideva con quella pianificata da Augusto, che la distrusse per creare al suo posto un'infelicità. Divenuto il successore di Agrippa dopo esserne stato il genero, Tiberio subì da Giulia tutto quello che il più disgraziato dei mariti può subire dalla moglie. Quando non ne poté più, si ritirò a vita privata a Rodi, e ci visse sette anni, dedito solo agli studi, mentre Giulia offuscava coi suoi scandali il ricordo di Clodia. Gaio e Lucio erano morti, l'uno di tifo, l'altro in guerra. Augusto, ormai sessantenne, affranto da queste sciagure, roso dall'eczema e dai reumatismi e sempre più sotto la pantofola di Livia, alla fine bandì sua figlia per immoralità, facendola rinchiudere a Ventotene, richiamò Tiberio e lo adottò come figlio ed erede, sempre continuando a disamarlo.

Forse credeva in quel momento di essere sull'orlo della morte. La colite e le influenze non gli davano tregua, e non faceva un passo senza il suo medico personale, Antonio Musa. Era diventato puntiglioso, sospettoso e crudele. Per una indiscrezione, fece rompere le gambe al suo segretario Tallo. E per pro-

nach einer Erklärung dafür, antwortete sie ebenso unverblümt: «Bevor es nicht beladen ist, lasse ich keine neuen Matrosen aufs Schiff.» Acht Jahre später starb Agrippa, und Julia wurde von neuem zur «lustigen Witwe» Roms. Wieder wollte Augustus Abhilfe schaffen und zwang sie zu einer dritten Ehe. Diesmal mit Tiberius, in dem er, oder in dem Livia ihn einen möglichen Regenten des Imperiums sehen ließ, bis Julias Söhne, Gaius und Lucius, die Volljährigkeit erreicht hätten. Auch Tiberius war schon glücklich verheiratet, und zwar mit Vipsania, der Tochter Agrippas. Aber dieses Glück stimmte nicht mit dem von Augustus geplanten überein, der es zerstörte, um stattdessen Unglück zu säen. Als Nachfolger von Agrippa musste Tiberius, nachdem er dessen Schwiegersohn gewesen war, von Julia nun all das erleiden, was man als unglücklickseligster aller Ehemänner von seiner Frau nur erleiden kann. Als er es nicht mehr aushielt, zog er sich ins Privatleben nach Rodi zurück. Dort lebte er sieben Jahre lang und widmete sich ausschließlich seinen Studien, während Julia mit ihren Skandalen die Erinnerung an Clodia in den Schatten stellte. Gaius und Lucius waren gestorben, der eine an Typhus, der andere im Krieg. Der inzwischen sechzigjährige Augustus, ein von all diesem Unheil gebrochener, von Ekzemen und Rheuma zerfressener, zunehmend unter Livias Pantoffel stehender Mann, verbannte schließlich seine Tochter wegen Unsittlichkeit und ließ sie in Ventotene einsperren. Er holte Tiberius zurück, adoptierte ihn als Sohn und machte ihn zu seinem Erben, obwohl er ihn immer noch nicht mochte.

Vielleicht glaubte er damals an der Schwelle des Todes zu stehen. Kolitis und Grippeanfälle ließen ihm keine Ruhe, er ging keinen Schritt ohne Antonius Musa, seinen Leibarzt. Er war eigensinnig, misstrauisch und grausam geworden. Wegen einer Indiskretion ließ er Tallus, seinem Sekretär, die Beine brechen, und um sich vor nicht existierenden Verschwörungen

teggersi da inesistenti complotti, inventò la polizia, cioè quei *pretoriani* o guardie del corpo, che dovevano svolgere una così nefasta parte sotto i suoi successori. Fatto più scettico e amaro dalle sofferenze, egli vedeva con chiarezza il fallimento della sua opera di ricostruzione. Sì, c'era la *pax augusta*, e i marinai orientali venivano a rendergli grazie per la sicurezza con cui ora navigavano. Ma sull'Elba, Varo era stato massacrato con tre legioni da Arminio, il confine aveva dovuto esser ritirato sul Reno, e Augusto intuiva che al di là di esso, nel buio delle loro foreste, le tribù germaniche erano in ebollizione. Sì, i commerci riorganizzati da Agrippa rifiorivano, e la moneta, risanata da Mecenate, era sicura. La burocrazia funzionava. L'esercito era forte. Ma la grande riforma del costume era fallita. Divorzi e malthusianismo avevano ucciso la famiglia e il ceppo romano si era quasi estinto. L'ultimo censimento rivelava che i tre quarti della cittadinanza erano liberti o figli di liberti forestieri. Si erano costruiti centinaia di nuovi templi, ma dentro non c'erano dèi perché nessuno credeva che ci fossero. Una morale non si rifà senza una base religiosa. Augusto aveva cercato di rianimare l'antica fede, senza condividerla, e il popolo gli rispose facendo finta di adorare lui come dio.

Giulia, che morì in esilio, aveva lasciato ad Augusto una nipotina, che si chiamava Giulia come lei, e purtroppo dimostrò subito di voler imitare sua madre non solo nel nome. Anch'essa il nonno dovette confinare per immoralità. Distrutto da questo nuovo dolore, pensò di lasciarsi morire per fame. Poi i doveri d'ufficio, cui era restato attaccatissimo, e la certezza di non averne più per molto, ebbero la

zu schützen, erfand er die Polizei, also jene *Prätorianer* oder Leibgarden, die eine so unheilvolle Rolle unter seinen Nachfolgern spielen sollten. Durch sein Leiden skeptischer und verbitterter denn je, hatte er das Scheitern seines Wiederaufbaus klar vor Augen. Gewiss, es gab die *pax augusta,* und die Seeleute aus dem Orient kamen, um sich für die Sicherheit zu bedanken, mit der sie jetzt zur See fahren konnten. Doch auf der Elbe war Varus mit drei Legionen von Arminius niedergemetzelt worden, die Grenze musste an den Rhein zurückverlegt werden, und Augustus spürte, dass jenseits des Flusses in der Dunkelheit der Wälder die germanischen Stämme in Aufruhr waren. Gewiss, der von Agrippa neu organisierte Handelsverkehr blühte auf, und die von Maecenas gefestigte Währung war sicher. Die Bürokratie funktionierte. Die Armee war stark. Die große Sittenreform war jedoch fehlgeschlagen. Scheidungen und Malthusianismus hatten die Familie zerstört, der römische Stamm war fast ausgelöscht. Die letzte Volkszählung ergab, dass drei Viertel der Bevölkerung aus freigelassenen Sklaven oder aus Kindern freigelassener Sklaven fremder Herkunft bestanden. Sie hatten sich Hunderte von neuen Tempeln gebaut, doch es befanden sich keine Götter darin, weil niemand glaubte, dass es sie gab. Ohne religiöse Grundlage kann man eine Moral nicht wieder aufbauen. Augustus hatte versucht, den alten Glauben zu beleben, ohne ihn jedoch selbst zu teilen. Das Volk reagierte darauf, indem es so tat, als verehre es ihn wie einen Gott.

Julia, die im Exil starb, hatte Augustus eine Enkeltochter hinterlassen, die wie sie Julia hieß und leider sehr bald zeigte, dass sie ihrer Mutter nicht nur namentlich gleichen wollte. Auch sie musste der Großvater wegen Unsittlichkeit verbannen. Von diesem neuen Schmerz fühlte er sich wie vernichtet und dachte daran, den Hungertod zu sterben. Doch das Pflichtgefühl gegenüber seinem Amt, das ihm noch sehr am Herzen lag, und die Gewissheit, nicht mehr lange zu leben,

meglio. Invece, come tutti coloro che reggono l'anima coi denti, egli resse la sua molto a lungo, per quei tempi.

Aveva settantasei anni quando, in convalescenza a Nola dopo la bronchite, lo sorprese la fine. Quella mattina aveva lavorato come al solito, dalle otto a mezzogiorno, firmando tutti i decreti, rispondendo a tutte le lettere, da quel perfetto funzionario che era. Fece chiamare Livia, con cui stava per celebrare le nozze d'oro, e la salutò affettuosamente. Poi, da vero grande romano, si rivolse agli astanti e disse: « Ho recitato bene la mia parte. Congedatemi dunque dalla scena, amici, coi vostri applausi ».

I senatori portarono la bara sulle loro spalle per tutta Roma, prima di cremare il cadavere nel Campo Marzio. Forse sarebbero stati contenti della sua morte, se non avessero saputo che a succedergli era già designato Tiberio.

waren stärker. Doch wie bei allen, deren Seele eigentlich nur noch an einem Faden hängt, hing – in Anbetracht der Zeiten – die seine noch sehr lange daran.

Er war sechsundsiebzig Jahre alt und erholte sich gerade in Nola von einer Bronchitis, als ihn das Ende überraschte. An jenem Morgen hatte er als pflichtgetreuer Beamter wie üblich von acht Uhr bis Mittag gearbeitet, alle Dekrete unterschrieben und Briefe beantwortet. Er ließ Livia rufen, mit der er die goldene Hochzeit feiern wollte, und begrüßte sie liebevoll. Als wahrer großer Römer wandte er sich dann den Anwesenden zu und sagte: «Ich habe meine Rolle gut gespielt. Verabschiedet mich also, meine Freunde, von der Bühne mit eurem Applaus.»

Die Senatoren trugen die Bahre auf den Schultern durch ganz Rom, bevor sie den Leichnam auf dem Marsfeld verbrannten. Vielleicht hätten sie sich ja über seinen Tod gefreut, wenn sie nicht gewusst hätten, dass der designierte Nachfolger Tiberius war.

Anmerkungen der Redaktion finden sich in eckigen Klammern.

Gerne schicken wir Ihnen ein Verzeichnis aller Bände der Reihe dtv zweisprachig zu.

Deutscher Taschenbuch Verlag
Friedrichstraße 1a, 80801 München
www.dtv.de zweisprachig@dtv.de